なぜ、その米は売れるのか？

小池精米店三代目店主
小池理雄

進化する原宿の米屋のマーケティング術

家の光協会

はじめに

私の朝は、２時30分の起床からスタートします。そんなに早く起きて何をするのか。もちろん、仕事です。

小池精米店は東京の原宿に立地しています。場所柄、米屋の敷地は自社所有地とはいえ、せいぜい20坪。精米機は13馬力が１台、５馬力が１台ありますが、いかんせん作業スペースが狭いため、ここで作業できるのは一人が限界です。精米担当の従業員はいますが、機械の能力的に彼が精米できるのは日中に６５０kg程度です。それだけではとても販売量に足りないため、従業員が出社するまでの間、私が精米しているのです。

米屋を継いだ２００６年当時、売り上げは今の３分の１程度。私が米屋の三代目になってからというもの、紆余曲折ありながらも右肩上がりに伸びて、今では「お米が飛ぶように売れている」という状況です。その結果、冒頭のような「豆腐店顔負けの早起き」につながっているのです。

今、米は売れません。日本人は米を食べません。かつては大人が年間で１２０kg近く食べていた米ですが、今ではその半分にも満たないのです。業界的にはよく言えば成熟産業、悪く言えば斜陽産業と言ってもいいでしょう。何もしなければ米屋はつぶれていく。それがこのお米業界なのです。そのような業界において、コロナ禍の一時期を除き、小池精米店は売り上げを伸ばし続けました。

私は大学の文学部で歴史を学び、卒業後は出版社で編集の仕事をし、合間に社会保険労務士の資格をとって人事制度設計のコンサルティングファームに転職と、紆余曲折のキャリアを歩んできました。この一見すると米屋とは関係のない私の動きですが、これはもちろん意図した動きです。いかに自分が米屋から離れたかったか、逃げ出したかったか、を示す動きそのものなのです。

米屋を継ぐ気は一切なかった私でしたが、父親が心臓を病んで入院し「小池精米店の存続問題」がにわかに具体的になってくると、不思議と心が動きました。じつは、私は末っ子長男。姉二人は結婚して家を出ており、この店を畳むも残すも私の思い一つにかかっていました。小池精米店は昭和5年創業で、私の祖父虎雄が創業者です。しかし祖父も父も「小池精米店を誰かが継ぐべき」とは考えていなかった節があり、事実、私は一度も「米屋を継げ」と言われたことがありませんでした。結婚するときも「店を継ぐ気はないから」と妻に伝えておいたにもかかわらず、いざその局面になって心が動いたのは二つの理由があります。

一つは「経営」という仕事に興味を持ち始めていたことです。企業相手のコンサルティングの仕事をしていると、経営者の方と膝を交えてお話しする機会が多々ありました。いろいろな経営者、とくに中小企業の経営者と話をすると、様々な悩みを抱えていますが、最終的には自分が責任をとるという緊張感と覚悟を持ち、何よりそれを楽しんでいる方が多かったのです。サラリーマンとして勤めあげるよりも、小さくてもいいから自分の思うように経営をしてみたい……。そういう思いが芽生えていたのです。

そしてもう一つは「地元への思い」です。普段は全く考えなかった「小池精米店がつぶれたらどうなるのか？」を具体的に考えたときに、地元の街並みを思い浮かべました。小池精米店は原宿のキャットストリートの一角にありますが、なかでも比較的落ち着いた「穏田《おんでん》」と呼ばれる地域に立地しています。そしてこの地域は原宿の中では唯一、まだ昔の商店が残っています。八百屋や魚屋、酒屋などが残っており、そして当時はすでに自分と近しい年代の人たちが後を継いでいました。そのような状況で小池精米店だけがなくなるのもちょっと癪だな、という思いがありました。そういった思いに正直になるかたちで、晴れて（？）「小池精米店三代目」となったわけです。

予想通り、米屋という商売はあまり儲かる仕事でもなく、それどころか継いだ直後は売り上げもままならず、赤字の状況でした。すでに結婚して子どももいたということもあり、たちまち現金収入が途絶えるのも現実的ではないということで、前職の会社で引き続き週3ペースでアルバイトをする始末。

なぜ、このように米屋という商売は厳しいのか？

素人の三代目が継いだこと、原宿という立地、小池精米店自体が持つ問題等、理由はいろいろあります。しかし最も痛感したのは、お米業界全体の問題でした。
かつては米屋でしか買えなかった米が、今はどこでも買うことができます。米屋に行かずともスーパーなどで他の食材と一緒に一か所で購入することができるのです。また、米の消費自体が減っています。昔は米しか食べるものがなかったところ、今ではいろいろな食べ物があるからです。なんとなく分かってはいましたが、控えめに言って「厳しい」現実だったのです。

しかし、一方で私は「やることがありすぎ」て、ワクワクしていたのです。世間的に見たらどう考えても「レッドオーシャン」な業界ですが、自社も含めて改善すべきところが多すぎて、私の目には「ブルーオーシャン」としか見えなかったのです。

三代目になってから17年経ちましたが、その間、小池精米店の売り上げを伸ばすため、否、もっと言えばリアルに「生きるため」にいろいろなことにチャレンジしました。

例えば小池精米店独自ドメインの取得、ホームページの立ち上げ。一般消費者向けのチラシの作成と足を棒にしてのポスト投函。原宿や渋谷、青山近辺の飲食店への飛び込み営業の毎日。商談会や展示会に足を運んで新しい仕入れ先の開拓。一般消費者向けのイベントの実施とSNSを活用しての宣伝。ブログ更新や雑誌での連載執筆、テレビやラジオ出演などの情報発信。米の味を解析するメソッドの開発と実践……。このように、当時の自分ができる範囲で取り組んできた結果、その積み重ねで気づいたら「お米が飛ぶように売れている」状態となりました。

詳細については本編に譲りますが、必ずしも私が取り組んできた諸々のことが「正解」とは限りません。もし私が「原宿の米屋」でなければ恐らく違った方法を選んでいたと思いますし、それで成功したかどうかは分かりません（現段階の状況が「成功した」とは思っていませんが）。ただ「もしかしたら参考になるかも」と胸を張って言えることは次の二つ。

一つは「目の前の喫緊の課題」はもちろん、「やらなくともよいのだろうけれども面白そうなこと」に臆せずにチャレンジしてきたこと。そしてもう一つはそういったチャレンジの過程においていろいろな方々とつながった「ご縁」を大事にしてきた、ということです（じつはこの文章は鹿児島県の薩摩半島から大隅半島に渡るフェリーの上で書いています。鹿児島県の米を探しにはるばる遠征に来たのです。私の「臆せずチャレンジ」の事例の一つです）。

普通に考えれば、お米業界の先行きは決して明るくはありません。それは誰でも分かります。しかし、よーく考えてみてください。「お米って何ですか？」と尋ねる人はいません。それほどまでに認知度の高い商材が米なのです。私の前職である「人事制度設計コンサルタント」と比べたら、比較にならないほど分かりやすい売り物なのです。例えば新品種が乱立している昨今、業界的には「また新品種か。もうついていけないよ」と嘆きがちです。しかしそういった動きがあるからこそマスコミに米が取り上げられる機会が増えてきました。そう、マスコミが能動的に米を宣伝してくれている時代なのです。このように、考えようによっては、お米業界は逆境ばかりではありません。どの業界でもそうですが、何もしなければ明るい未来は訪れません。「今は明るくない」と認識できる危機感を持ち、そしてそれを打開しようと具体的に行動しているのであれば、それは「明るい未来への通行証」なのです。

大学で歴史を学んできた私にとって「歴史とはまさに人が作るもの」という信念があります。これだけ落ち込んでいるお米業界だからこそ、私たち業界の人間は新しい歴史を作りあげることができるのです。繰り返しになりますが、私がこの17年間でおこなってきたことに汎用性はありません。誰もが使えるノウハウでもありません。しかし自分で言うのもおこがましいですが「ここまでの結果」を出している私の取り組みであれば、皆さんにとって何かしらのヒントになることは間違いありません。「お米を楽しく」をモットーに米消費拡大に挑み続けた私の記録でもあるこの書籍が、皆さんの今後のお米販売の一助、そして米の魅力の再発見につながれば、私にとってこれ以上のことはありません。

とは言え、私の性格もあり、そこまで堅苦しい内容ではありません。どうぞ肩の力を抜いてお読みください。

はじめに 2

序章 米は農産物か、商品か 11

「米離れ」は正しいか？ 12／米販売の自由化の歴史は浅い 16／消費者は無関心で、米屋は儲からず 19／商品としての米という選択肢 22／米業界はやることがいっぱい！ 23

1章 消費者の意識を変えるために 25

飲食店のお米リテラシーはいかほどか 26／飲食店の意識を変えるには 28／一般消費者は米の知識に飢えている 33／SNS・イベントを通じた消費者意識の変化 36／ECサイト上の工夫 40／消費者へのPRが不可欠 44

column 縁故米は誰も幸せにしない!? 46

2章 「商品」としての米を分析する 49

「商品」としての米とは 50／消費者に響く12の論点 ①生産者の顔 52／②農薬の有無 53／③栽培

の工夫 54／④産地情報 57／⑤環境への配慮 60／⑥パッケージ 62／⑦小分け 66／⑧玄米や分搗き米 69／⑨どのような味なのか 71／⑩-1 品種の物語 75／⑩-2 新品種ブームのなかで埋もれずに特徴を出せた米とは 78／⑩-3 山形県「つや姫」と北海道「ゆめぴりか」はなぜ成功したのか？ 80／⑪-1 どのような料理に合うのか 85／⑪-2 ブレンド米が差別化の鍵に 87／⑫感情移入 91／付加価値をつけて低価格から脱出 92

米対談 株式会社セブン-イレブン・ジャパン 赤松稔也 94

3章

実践編

産地が米を適正価格で売るにはどうすればいいのか？ 105

売り先の可能性 106／売り先を知ろう・関係を作ろう 114／適正価格を考える 116／発信・交流の方法 118／ブランディングしよう 小池が関わってきた具体的な産地の事例 122／「AiZ'S-RiCE」～トップ米屋に向けて販促して成功した事例～ 123／石垣島の新米 ～産地の特性を引き出して成功した事例～ 130／星空舞 ～産地のチャレンジ精神が売り手に伝わった事例～ 133／結局、米は簡単に売れるものではない。まずは実践あるのみ 136

column 糖質制限を跋扈させたのは誰だ？ 140

4章
事例集 引く手あまたの品種・産地・生産者の特徴 145
特徴的で説明しやすい（プレゼンしやすい）産地及び品種 148／利便性の視点 168／品質の視点 171／引く手あまたの生産者 175
米対談 有限会社たけもと農場　竹本彰吾 188

5章
お米のこれからを語ろう　新しい希望の取り組み 201
米の楽しみ方の多様化 202／様々な調理器具が流行っている 207／生産・流通・消費までの見える化の動き 209／外国から支持される日本のお米　外国人が驚く三つの特徴 214／海外で評価される和食 216／子どもたちへ伝えるお米 218／関係人口の拡大 221
米対談 元・東芝ライフスタイル株式会社　守道信昭 224

おわりに 236

序章

米は農産物か、商品か

「米離れ」は正しいか？

ご存じの通り、現在米の消費量は大幅に減っており、「米離れ」が加速しているといわれています。

確かにデータを見てみると、消費量のピークは1962年度で、一人当たり白米換算で118・3kg食べていました。これに対して、2021年度の一人当たりの消費量は51・5kgで、半分以下に減っています（図1）。

同時に生産量も減っています。農林水産省が公表した令和5／6年の「米穀の需給及び価格の安定に関する基本指針」では、令和5年7月から令和6年6月までの主食用米の生産量見込みを、約669万トンと設定しました。この数字は、米の消費減退に対応するため、生産調整により栽培する量を人為的に減らしたものです。この生産量見込みは、明治30年代に初めて達した数字でもあります。今の生産量は当時と同じレベルまで下がっているわけです[1]。

日本人の米の消費量はなぜここまで減ってしまったのでしょうか？

よく挙げられる理由が「食の洋風化」です。実際にデータを見てみましょう。

日本人一人・1日の供給熱量（カロリー）のうち、1965年度では米が44・3％を占めていたのに対し、2021年度には21・3％に減っています。一方で、畜産物は6・4％

図1　国民一人当たりの年間米消費量の推移
出典:「令和３年度食料需給表」(農林水産省)より

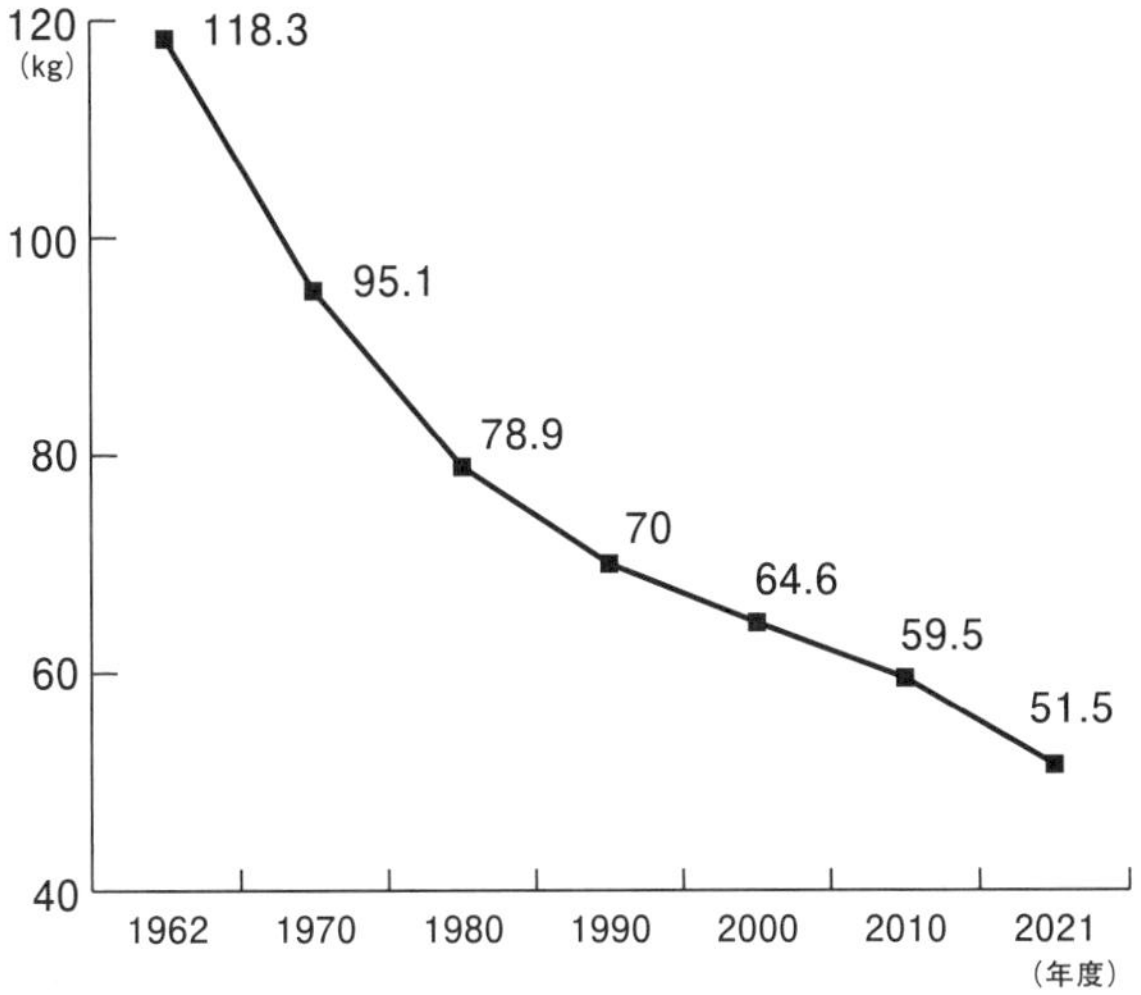

から18・1%に、油脂類は6・5%から15%と2~3倍に増えています。なお小麦は11・9%から13・2%と微増でした(図2)。

このデータを踏まえると「食の洋風化」というのは、米が小麦にとって代わられたわけではなく、油脂類や肉を食べる量が増えた、ということが分かります。つまり、米から他の穀物に乗り換えたのではなく、主食もおかずもまぜこぜで、米は数ある食べ物の中の一つとなったという ことです。米以外に食べるものの選択肢が増えた結果、米の優先度が相対的に下がったのです。

そう考えると、「米離れ」という言葉は厳密には正しくない気がしま

図2

1965年度と2021年度の日本人一人・1日の供給熱量（カロリー）の比較

出典：「昭和４０年度と令和３年度の食料消費構造の比較」（農林水産省）

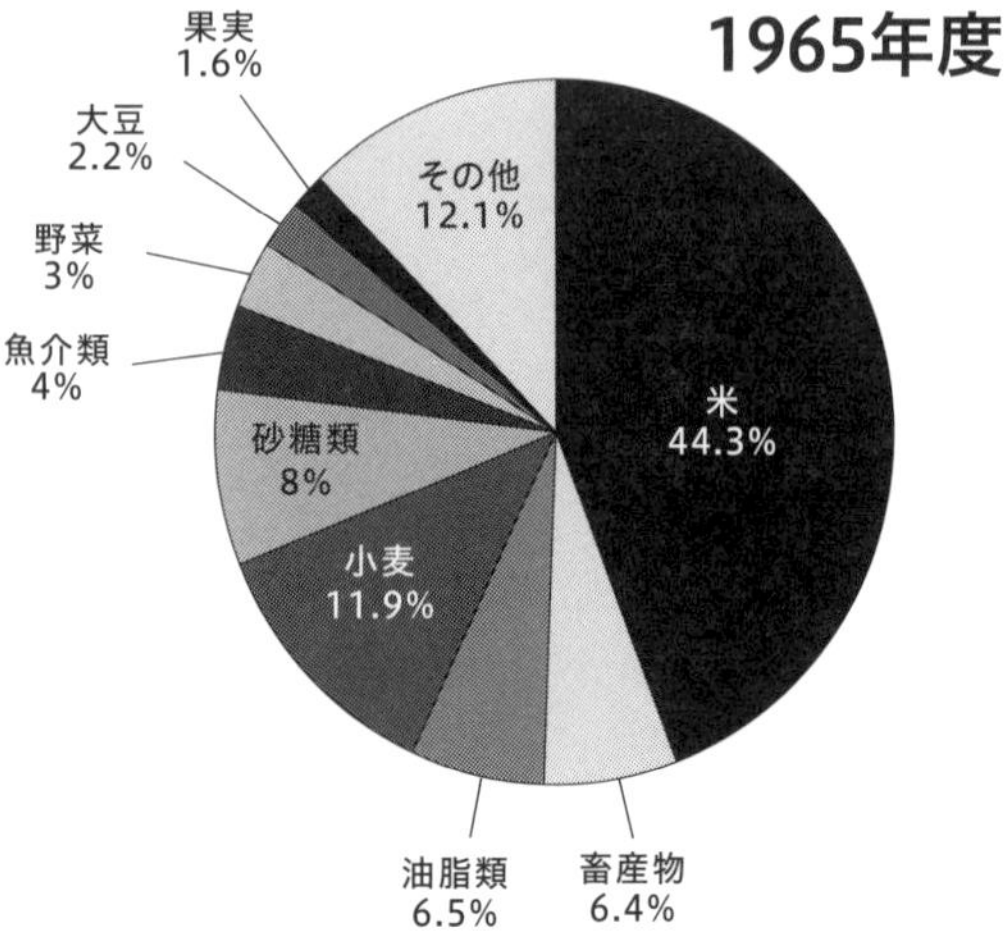

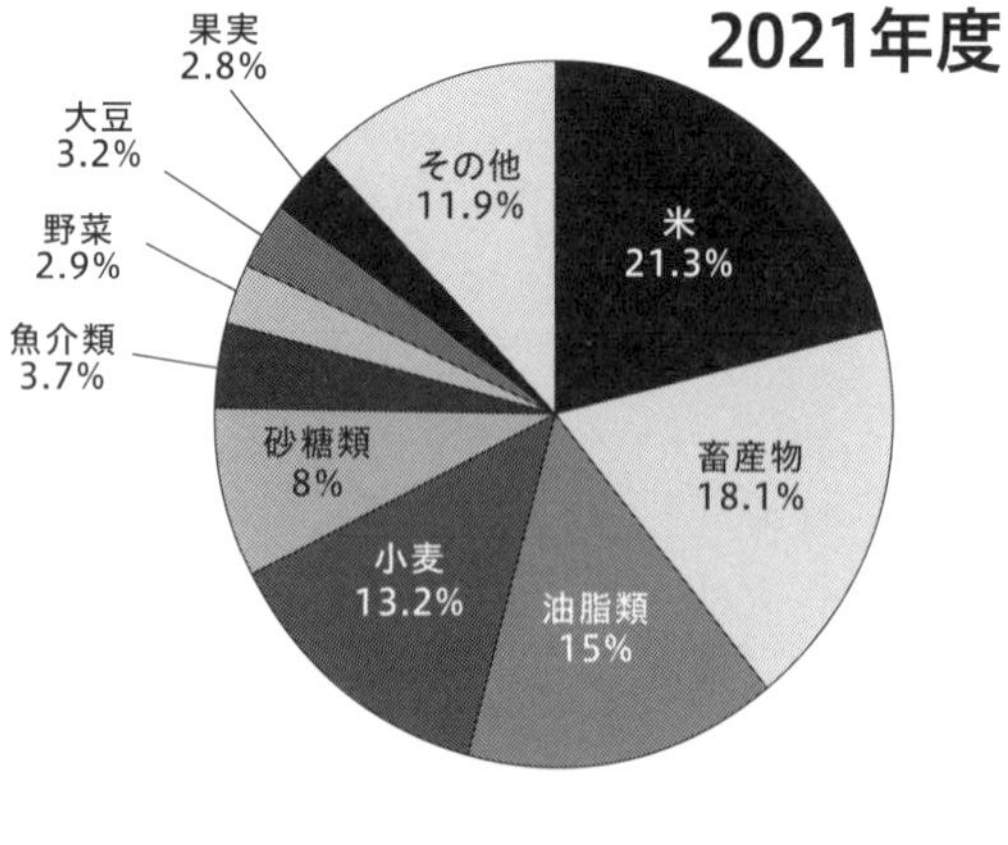

す。米がまずいから、米が嫌いだから食べないのでなく、他に食べるものが多すぎて、胃袋の容量が足りなくなってきた、といえるでしょう。食が「洋風化」したというより、「多様化」していったというほうが正確です。

さらに、少子高齢化が進む日本では、胃袋の数も減ってきています。すなわち食べ物である「農産物」そのものの需要が減っているわけで、米の消費量が減るのはある意味当然です。

このような状況にもかかわらず、私が営む小池精米店では米が売れています。正直、飛ぶように売れています。売り上げも、米屋を継いだ当時と比べると3倍になっているのです。

米の消費量が減り続けている現在、弊社の状況を不思議に思われるかもしれません。実際、同業者から「なぜ小池さんところの米は売れているんですか」と聞かれることも多々あります。

なぜ私の店では米が売れているのか。それは、米を「商品」として考えているから、というのがシンプルな答えです。

私は米には二つの側面があると思っています。一つは、私たちが生きるためのエネルギー源として、飢えないための「農産物」としての側面。もう一つが「商品」としての側面です。「農産物」としての米は、欲しい・欲しくない以前に、生きるために必要なカロリーです。

2021年度の日本の食料自給率（カロリーベース）を見ても、全体では38％と先進国の中でも最低水準ですが、米はほぼ100％を維持しています。[2] 美味しいに越したことはありませんが、凶作や輸入の途絶など、不測の事態が生じた場合でも、米は日本人が生きていくための最低限のエネルギー源になります。過去に前例があるように、日本で米不足となったらパニックです。それを避けるために米の生産量や価格を、政府などがある程度管理し、安定して世の中に流通させるよう働きかけています。

一方、「商品」というのは、消費者（顧客）にとって価値が高いと感じ、「欲しい」「食べたい」「興味がある」と思うから買う米のことです。資本主義社会では至極当然なことですが、希少性や付加価値によって需要が変動し、同時に価格も影響を受けます。

長らく日本の米業界は「商品」として米を売るという発想がなかったのだと思います。少し歴史を振り返ってみましょう。

米販売の自由化の歴史は浅い

米の売買の自由化が実現したのは1995年と、米の歴史に比べればつい最近です。きっかけは1993年の「平成の米騒動」でした。記録的な冷夏が原因で、米が不作になり、大規模な米不足が起こりました。

当時は米の在庫が少なかったため、緊急的に海外から輸入をおこなってしのいだのですが、その際、一般消費者が輸入されたタイ米を炊飯して「まずい」と騒ぎ立てた、という話は今でも語り継がれています。

この事態を受け政府は、1942年から改正を繰り返しつつも続いていた食糧管理制度を廃止し、新たに「主要食糧の需給及び価格の安定に関する法律（食糧法）」を成立させました。

以来、米業界における米の扱いは変わりました。食糧管理制度の下では、米の販売というのは「許可制」で、基本的には米屋でしか販売できず、その規制外で売買される米はすべていわゆる「ヤミ米」と呼ばれました。1969年から自主流通米が一部認められるなど規制緩和がおこなわれましたが、制度上は1981年の配給制度の廃止まで一般消費者は米屋で「米穀通帳」を見せる必要がありました。

こういった背景もあり、米屋にとって長らく米とは配るものだったのです。あえて「米を買ってください」「この米の特徴はね……」など、米を商品として宣伝せずとも、米は売れていったのです。

しかし、米販売は「許可制」から「届出制」へと移行しました。届出さえ出せば、誰でも米を販売できるようになったのです。道の駅、ドラッグストア、スーパー、百貨店など、ほかの販売店に押されて、今では米屋で米を買う人は、圧倒的に少数派になりました。

「昔はよかったなぁ」と、米屋の諸先輩方は言います。祖父（初代）や父（先代）がそうであったように、食糧管理制度の時代はそれほど努力しなくとも米が売れたからです。

生産者側も、食糧管理制度の廃止に大きな影響を受けました。米の販売が自由化したということは、様々な出荷先を選ぶことができるようになったということです。食糧管理制度下では、生産者は原則としてＪＡ（農協）に出荷するよう決められていました。それが、卸や小売り、消費者に直接販売できる可能性が広がったのです。独自の販路を開拓して、そのために自分たちの米の「商品化」を図っていく生産者と、そうでない昔ながらの生産者との間にも差が生まれていきます。

米の安定供給はとても大事なことです。毎年安定した量の米を栽培する生産者、その米をしっかり市場に流通させるＪＡ・集荷業者・卸業者、エンドユーザーに確実に届ける米屋などの小売店のおかげで今、米は日本人全体に行き渡っています。

一方で、安定して美味しい米を食べることに慣れた消費者にとっては「米はあって当たり前」「米はそれなりに美味しくて当然」という認識です。

残念ながら、ほとんどの消費者は米の美味しさを追求したり、調べたりといった工夫や努力とは無縁です。それは一般消費者のみならず、例えば和食の名店であっても、野菜や肉・魚にはこだわっているのに米に関しては「付き合いのある米屋が卸す米を使っているだけで、どこ産の何の品種か分からない」と言い出す始末です。関心がなくなれば当然、消費量も減り、価値が分からないので価格も下がっていくのです。

消費者は無関心で、米屋は儲からず

この十数年で日本の人口は減少傾向にあり、食の好みは多様化していきました。米の消費量の減少は、時代の変化によるもの、というのも間違ってはいません。

しかしながら、私を含む、米業界にも責任の一端があると思っています。それは「消費者へ米の価値を伝える努力をほとんどしてこなかった」という一面があるからです。

米屋という業種は、昔はどの街にも必ず1軒はありましたが、その数は年々減っています。今まではそれほど営業努力をしなくとも米は売れていたところ、国から急に梯子を外されたかたちで「商売」を始めなければならなかったのですから仕方ありません。徐々に産地からの直送やスーパー、コンビニに顧客を奪われていきます。仕事が大変な割には儲からないということで、跡継ぎもいなくなっていきます。

私の場合もやはり継ぐ気はなかったのですが、先代の父が儲からないなか半ば意地で続けていたところを、父の体調不良をきっかけに、相当悩んで継ぐことにしました。継いだばかりのときは、他の米屋の例に漏れず儲かっていませんでした。そのため前の職場でアルバイトをしながら米屋を営んでいたのですが、5年目にさしかかり、私はそれまでの米の売り方を一から考え直すことになります。

2011年、東日本大震災の直後のことでした。米は価格（と需給）の安定のため、生産調整がなされますが、それでも年や季節により価格の変動はよくあることです。このときは災害の直後ということで買い占めが起こり、米の需要が急激に増え、米の仕入れ値が急騰しました。

仕入れ値が上がるということは、店の利益を考えれば、売値も上げなくてはなりません。ところが、弊社が卸す先の飲食店をはじめとしたお客様に、値上げに同意いただけなかったのです。15％くらいの値上げ交渉をしたのですが、結局5％くらいの値上げにとどめざるを得ませんでした。

すると、会社の業績は一気に赤字。そこで私はいかに米（農産物）を扱う商売が、マーケットの動きに連動しやすいかを痛感し、米販売における利幅の少なさ、早い話が「米屋の儲からなさ」に、正直愕然としたのです。少しでも仕入れ値が上がると赤字に転落するのであれば、米屋は商売としての体をなしていません。

米というのは安く買い叩かれがちです。買う側はその裏に、生産者や、米を扱う米屋の生活があるという意識が希薄なのです。

米をただの農産物として扱っていては、いつまで経っても仕入れ値の変動を受け入れざるを得ません。商売として成り立たせるためには、自分で売値を決められる「商品」にしなくてはならない、適正価格で米を流通させなければならないと痛切に感じました。

2011年は仕入れ値が急騰した例ですが、逆に値崩れが起こる可能性だってあります。そうなれば、困るのは生産者のほうです。補助金がなくては赤字になってしまうような価格で満足している生産者はいないでしょう。

米が適正価格で売買されるよう、米屋や生産者、産地などの米業界は売り方について新たな一歩を踏み出す必要があるのです。

米も、他の食べ物に負けないよう、もっとその美味しさを売り込まなくてはならないはずです。しかし、スーパーなどの小売店では、米は並べて置いてあるだけですから、消費者に売り込みようもありません。

米の専門店である米屋は先陣を切って米を売るための営業努力を開始するべきでした。かつて米を「配給」していた時代の米屋にしてみれば、客から米の味について説明を求められるなんて信じられない時代です。しかし、今や、米は普通の商品と並べられるようになりました。

そうなったとき、「この商品を買っていただくために何をするのか」というマーケティング戦略が必要なのです。

商品としての米という選択肢

震災の一件以来、私は売り方を変えました。

まず、お客様と密にコミュニケーションをとり、潜在的なニーズを引き出すようにしました。

米に関して難しいのは、ほとんどの消費者や飲食店はあまり知識がないので、「今の米に満足していない」ということすら初めは分からないのです。そのため、丁寧なヒアリングが必要になります。

すると「じつはこういう米が欲しいけど……」「あの米はすぐ売り切れてしまって手に入らない」という本音をぽろっといただけます。ニーズが分かればしめたもの。あとはお客様が望んでいる米を仕入れてくれれば、適正価格で買ってくれます。少なくとも自らが望んでいる米ですから、買い叩くようなことはしません。

そしてこの仕入れてくる米こそが「商品」としての米です。つまり、需要のある米、付加価値のある米、売値をある程度自在にできる米です。

農産物は、米に限らず生きるために食べるという、必需品の一面も当然ながらあります。ないと困るがゆえに、消費者は安かろうに飛びつくのです。

ですが「商品」としての米ならば、購入基準は価格ではなくなります。付加価値に魅力を感じ、納得したうえであれば、消費者は適正価格で買ってくれるのです。

食の多様化によって、米の消費は減っていきました。しかし以前よりも品種の数、産地の独自性、栽培方法のこだわりなど、米の持つ多面性は確実に増しており、これは間違いなく強みになります。

そして、米の流通や販売の規制がなくなった今だからこそ、私たち米屋はあちこちの産地からこだわりの米を仕入れることができますし、それを媒介にしてお客様と交流ができるのです。そう考えると今のほうが米屋をはじめとした米業界にとっても「いい時代」なのです。

米業界はやることがいっぱい！

米の販売の自由化は歴史が浅いからこそ、米業界全体にはまだ手を付けていない、やるべきことがたくさんあります。まだ誰も見つけていないブルーオーシャンもきっとあることでしょう。

本書では、まず1章で米消費停滞の最大の理由である消費者の米への無関心について説明します。そのうえで、どのように消費者にアプローチするべきなのか、私の経験をもとにしてお話ししたいと思います。2章では「商品」として売れる米の要素を詳しく分析します。米という、世の中でも差別化の難しい商品に、いかにセールスポイントを見出すのかを説明します。3章では、実践的に、生産者や産地が具体的にどのように販路を広げ、売り込んでいくのか、そして長期的に見てどのようにすれば米の消費拡大が見込めるのかを説明します。4章では市場を見渡したとき、実際に売れている、魅力的な産地や品種、生産者について具体的に解説します。5章では、米屋や生産者以外の米業界の取り組みや、現在進んでいる米に関するプロジェクトについて説明していこうと思います。

消費量の減少、販売価格の下落が続き、生産者にとっては厳しい状況です。米屋をはじめとした米を扱う業態も同様です。一方の消費者も、米への知識がないゆえに、本当に楽しいお米ライフを送れずにいます。

この本ではそういった米実需者の皆さんが、新しい米の世界を切り開くきっかけになればと思っています。米にはまだまだ可能性があります。私も勉強中の身ですが、ぜひ皆さんと一緒に米業界を盛り上げることができればと思っています。

【参考】

[1]「作物統計調査」(農林水産省)
[2]「総合食料自給率(カロリー・生産額)、品目別自給率等」(農林水産省)

1章

消費者の意識を変えるために

飲食店のお米リテラシーはいかほどか

私が小池精米店を父から継いだのは２００６年のことでした。足掛け17年間、この職に従事していることになります。

弊社は今では食堂やレストランといった飲食店に米を販売する「卸業」が主体で、売り上げの約８割を占めています。あるデータでは今や米屋の店頭で米を買う一般消費者は全体の２・３％というのですから、[1] 米屋が売り上げを立てるためには飲食店への営業は不可欠です。

飲食店へ卸すお米は「業務用米」（最近、弊社では『プロ向け本気米』と呼んでいます）といい、自社の店頭で家庭向けに販売している米と比べて、価格は安くなるのが一般的です。

まだ私が駆け出しのころ、飲食店に営業に行くと、そのお店がすでに使っている米屋＝競合がいるわけです。そういった競合の価格表を見ると、信じられないくらい安い値段が記載されていたのでした。

私は異業種のサラリーマンからの転職だったので、当時のその安さに対する驚愕は、自分の知識不足からくるもので、「こういうものか」と無理やり自分を納得させましたが、今なら分かります。

日本の米は安すぎる。というより、消費者側に買い叩かれている、と言ってもいいでしょう。

飲食店にとって食材は商売道具です。安いに越したことはないでしょうが、ある程度の品質を担保するためには出し惜しみしないはずです。

しかしながら、米に関して、実際に私がこの耳で聞いた飲食店の店主のセリフにこういったものがあります。

「お米なんてどれもあまり変わらないし、白けりゃいいんだ」

「お客は米の味の違いなんて分かんないよ」

「お米って（主食として常に出しているので）金額がでかいから。少しでも経費削減だね」

米がここまで危うい立場とは正直思いもしませんでした。一方で、野菜や肉にはこだわる飲食店も少なくありません。別に、商売に対して不誠実というわけではないのでしょう。

飲食店がなぜ、こと米に関しては、安く買い求めたがるのかというと、いくつか理由が考えられます。

- 炊飯を「調理」ではなく「作業」と思っている。そのため「美味しくするための工夫」をしていない。だから思い入れがない。
- 値段の高低しか興味がなく「生産者の生活」まで思いが至らない。
- 米は農産物だから、産地と品種が同じでも、生産者が違えば全く別物になることに気づいていない。

● 飲食店の方針として、米に食材としてあまり重きを置いていない。

● そもそも米に関心、知識がない（お米リテラシーが低い）。

飲食店が、米をこだわるべき「食材」として捉えていない。「農産物」ですらなく、大量生産の工業製品のように考えているのかもしれません。悲しいけれど、これが現実なのです。

しかし現在、弊社は数多くの飲食店さんと「適正価格」で取引をしています。飲食店とどのようなやり取りをおこなったのか、お話ししていきます。

飲食店の意識を変えるには

飲食店であっても、米のことはご存じない方がほとんどです。

本当に米に興味がない飲食店もあるかもしれません。しかし､私の取引経験からいうと、なんとなく米に対して、何かはしたいと思いつつ、知識がないので動けなかった、というお店が多い印象です。つまり、店主にすら言語化できない潜在的ニーズが眠っていたところ、私が米を売りにやってきた、というわけです。

欲しい米は何か、その店に合う米がなんなのか、秘められたニーズを引き出すためには、密なコミュニケーションが必要です。

例えば寿司店は、比較的、米に対する要望がはっきりしています。ネタが主役のように思われますが、じつは違います。寿司はネタとシャリを口の中で融合させて味が完成する料理です。その味こそが、その寿司店の「世界観」なのです。

寿司店は修業先の店で使っていた米をそのまま使うことが多いようです。今まで寿司は握り方やネタ、シャリの味付け等で他のお店との差別化を図ってきました。ところが最近は「自分の世界観」を表現するために、「米」に注目する職人が出てきました。シャリとなる「米」そのものは手付かずだった、と気づき始めたのです。

寿司に合う米は、「古米がいい」「粘らないほうがいい」など言われます。しかし大事なのは「大将（店主）がどのような寿司を目指しているのか」です。米の選択はあくまでもその理想に至る方法論にすぎません。

「小池さん、寿司向きのお米を売ってくれよ」と、寿司店から問い合わせが来たら、私はまず大将からどういった米がいいのかヒアリングをします。以下、ある寿司店とのやりとりです。

ステップ❶：大将「粒は大きめがよく、もっちりしていて、しかしアルデンテなお米

が欲しい」

ステップ❷：小池より米のサンプルを提示。この場合は「里山のつぶ」「たかたのゆめ」「さがびより」を提供

ステップ❸：大将より感想をヒアリング。大将「『さがびより』はよかったけど、時間が経つとダマになるね」

ステップ❹：感想をもとにさらにサンプルを提示。この場合はブレンド米を四つ提供。ブレンドA（「さがびより」ベース）、B（「里山のつぶ」ベース）、C（「たかたのゆめ」ベース）、D（「つや姫」ベース）

ステップ❺：再度大将からヒアリング。大将「Bのブレンド米が最もいい！」

と、数回キャッチボールを繰り返すのです。右の例はスムーズに行ったほうで、もっとこだわりの強いお店もあります。「その日の水の温度や室温、魚の仕入れによってシャリの味を変えたい」ということで、都度ご自分でブレンドしている職人さんもいます。

基本的には口頭でのヒアリングになりますが、**図1**のような一覧表をお渡しすることもあります。

このように、米について最初はよく分かっていない飲食店であっても、根気よく情報を

図1

【令和3年産　プロ向け本気米　お寿司屋さん向け】 価格表

令和4年1月現在

※1：初年度のお取引から「古米」のご準備は出来ません(必要な分しか取り置きしていないためです)。

※2：お米は農産物のため毎年出来が変わります。そのため年産が変わったときに、今までの炊飯オペレーションだと出来あがりが異なる場合があります。その時はお米を変更するか、炊飯オペレーションを変更するか、いずれかの措置が必要です。その場合はお気軽にご相談下さい。

※3：「ほぐれ」を出すには炊飯オペレーションでの調整になります。

品名			価格(税別)				硬さ 咀嚼時の抵抗感/口触り	粘り 口に残るか/ネタと融合するか	味 酢の味付けとのバランス	粒の大きさ 見た目/存在感
1	笑みの絆	茨城県筑西市	10kg	6,700円	5kg	3,350円	硬め	弱い	さっぱり	中粒
2	コシヒカリ	岡山県新見市	10kg	6,100円	5kg	3,050円	弾力あり	強い	濃い	小粒
3	コシヒカリ	長野県飯山市他	10kg	5,900円	5kg	2,950円	弾力あり	強い	濃い	小粒
4	新之助	新潟県三条市	10kg	5,700円	5kg	2,850円	弾力あり	強い	濃い	大粒
5	つや姫	山形県鶴岡市	10kg	4,900円	5kg	2,450円	弾力あり	強い	濃い	大粒
6	銀河のしずく	岩手県雫石町等	10kg	4,900円	5kg	2,450円	やや硬め	やや強め	やや濃い	中粒
7	さがびより	佐賀県白石町等	10kg	4,900円	5kg	2,450円	弾力あり	強い	やや濃い	大粒
8	にこまる	愛媛県西予市	10kg	4,800円	5kg	2,400円	弾力あり	やや強め	やや濃い	中粒
9	たかたのゆめ	岩手県陸前高田市	10kg	4,700円	5kg	2,350円	やや硬め	やや弱い	やや薄い	中粒
10	ササニシキ	宮城県栗原市	10kg	4,700円	5kg	2,350円	やや硬め	やや弱い	薄い	中粒
11	能登ひかり	石川県輪島市	10kg	4,600円	5kg	2,300円	硬め	やや弱い	やや薄い	大粒
12	ななつぼし	北海道旭川市	10kg	4,600円	5kg	2,300円	弾力あり	やや弱い	やや薄い	中粒
13	里山のつぶ	福島県会津若松市	10kg	4,500円	5kg	2,250円	弾力あり	やや弱い	やや薄い	大粒
14	東北194号	宮城県大崎市	10kg	4,500円	5kg	2,250円	やや硬め	やや弱い	やや薄い	中粒
15	そらゆき	北海道	10kg	4,300円	5kg	2,150円	硬め	弱い	薄い	大粒

★気に入ったシャリへ出会うために…。

Step1　上記品種より気になったお米をお選び下さい。サンプルとしてお出しします。

Step2　サンプルをお試しいただいたのち、弊社までご感想をお寄せください。

Step3　感想を受けて弊社よりブレンドも含めて再提案申し上げます。

Step4　以後、気に入ったお米が決まるまで2⇔3の繰り返しになります。

㈲小池精米店

〒150-0001　渋谷区神宮前6丁目14番17号
電話：03-3400-6723／FAX：03-3400-6735
E-mail　harajuku@komeya.biz

提供し、サンプルを食べていただければ、おのずと米の違いや、ご自身のお店に及ぼす影響も理解してくれます。

ほかにも、私の営業が成功した店のコメントをご参考までに。

- 赤身肉が売りの焼き肉屋「焼き肉屋は肉が美味くて当たり前。**七分搗きのお米**は胚芽が残っているのでヘルシーさをアピールでき、他店と差別化できる」
- 魚が自慢の居酒屋「こういった**甘みの強いお米**が欲しかった！　同じ品種なのになぜ量販店のお米とこうも違うの？」
- 開店以来大人気のおにぎり店「**私の出身地のお米**という条件下でも、しっかりと**おにぎり向きのお米**を提案してくれました」
- 会員制のイタリアン「普通のお米ではなく、**生産者が見え、産地応援につながるお米**を提案してくれた」
- ハンバーグが売りの洋食屋「**肉の旨味に負けないお米**が欲しい。肉が『飛車』なら米は『角』、とまで思っている」

このように見ると、米消費拡大において、いかに消費する側の意識が大事か、お分かりになると思います。弊社も含め、米を供給する側が、消費する側に対して常に、米の多様性を提示し、違いを実感してもらい、ブレンドの提案や料理との相性をうたって米の可能性を感じてもらい、米の魅力を十分に知らしめることが大事なのです。

人の意識を変化させるのは一朝一夕ではできません。だからこそ何回も何回も訴え続けることで、米の新しい需要が発生するようになるのです。

一般消費者は米の知識に飢えている

飲食店に対しては営業や取引の際、私が直接、米のことをプレゼンすることができます。

では、家庭で米を消費する一般の方たちはどうでしょうか。一般消費者のうち、米屋の店頭で米を買う人は全体の2・3％です。マクロの数字で見ると、米屋は一般消費者を相手に米を売る機会は多くないのです。生産者にとっても、直販をしたり、マルシェなどのイベントに出たりしていなければ、なかなか一般消費者に会う機会はありません。

そして、一般消費者の多くは近所のスーパーや通販サイトで米を入手します。多くのスーパーに米の専門家はおらず、大抵は米袋が並んで、値段と品種名だけが添えられているという売り場です。

つまり、一般消費者とお米業界は断絶されているのです。このような環境なので、一般消費者は本当に米のことを知りません。知る機会がないからです。そのため、唯一の判断材料である価格で判断してしまう、というのも仕方がない気もします。

そんな中、私は運よく、一般消費者と触れ合える機会に巡り合いました。

始まりは弊社のお客様でもある、カフェのオーナーからのお声掛けでした。「ウチの店にお客を呼ぶために、今後は店でワークショップを開催したい。小池さん、お米についてのワークショップを開催してくれませんか?」と。私はワークショップを「お米ゼミ」と名づけ、米について商店街のお客さん、つまり普通に家庭用の米を買いに来ている消費者を相手にイベントを開くこととなりました。

当初「お米ゼミ」を始めるにあたって、飲食店営業と違い、一般消費者にはまず何を話せばいいのか悩みました。くどくどと米のことを説明しても飽きるだけでしょう。一般消費者は何を知りたいのか、こちらは何を伝えるべきなのか、「お米ゼミ」に先立っていろいろと考えました。

最終的に、「お米ゼミ」では品種の話や産地の話、炊飯の話、米の食べ方の話、脱穀・籾摺り・精米体験や米の食べ比べなどをおこなうことにしました。

そして、第1回めを開催して、非常に驚いたこと。それは「私の話に対して、皆さんの反応が非常に良かった」ということです。

話しているのは「お米」についてだけ。米屋の自分にとっては当たり前の出来事、もっと言ってしまえばそれほど価値があるとは思えない話ばかりです。ですが、皆さんは予想外に驚き、楽しみ、関心を持ってくれたのです。好評だったため、今では年に数回、コンスタントに開催するまでになりました。

参加いただいた消費者の皆さんは、程度の差はあれ、日常的に米を食べているはずです。にもかかわらず、米のことを何も知らない。私のゼミに参加すると、その事実にショックを受けるのです。そしてその後、がぜん米に興味を持つようになります。そう、米にはエンタメ性があり、消費者にも潜在的に米について知りたいという好奇心があるのです。それなのに現在、消費者と分断があるのは、今までお米業界が、消費者の心に響くような米のPRをしてこなかったせい……とも言えるのです。

消費者はとくに、「食べる」ことに関心があります。よくある質問としては「この品種は美味しいのか？」「美味しいお米の選び方は？」「美味しく炊ける炊飯方法は？」などです。食べ物だから味に興味が湧くのは当然ですが、それは米のほんの一部の側面にすぎません。そのような質問をいただいたら、答えるついでに、米栽培の実態や、美味しい米にするための産地の工夫であったり、精米やブレンドの話であったり、様々な話を加えます。そういった話はこちらから積極的に伝えなければ消費者は知る機会もないのです。

「お米ゼミ」を開いても、店の売り上げが爆発的に伸びる、なんてことは正直ありません。それは、米はどこまで行っても日常品だから、急に消費量が増えるということはないからです。しかし、こういったゼミへの参加を通じて、喚起された興味関心の積み重ねによって、自分なりの米の好みが確立され、「価格」以外での選択肢が生まれます。米が、欲しがっている人へ、適正価格で販売される、というお米業界の健全化が叶うのです。

10年に1回くらい、米が爆売れするときはあります。それは、大凶作だったり、大震災だったり、ロックダウンだったりと、危機的状況のときです。日本人に根付いていた「お米を大切に」といった価値観も、長い食糧難の時代から生まれました。今や日常では「飽食の時代」です。常に危機感をベースに米を買ってもらうことを期待するほうが間違いです。

「お米ゼミ」を通して確信したのは、一般消費者にとって「お米を楽しく」が重要なキーワードだということです。例えば、米の自給率だとか、栄養だとか、そのようなことを難しく教えても、眉間にしわを寄せて無理やり米を食べさせることになります。もちろん、そういった知識も大切ですし、伝え方次第では米への興味関心につながります。要は普段から米を楽しんでもらうこと、「お米ファン」になってもらうことが大切なのです。

SNS・イベントを通じた消費者意識の変化

「お米ゼミ」は私にとって最大の成功体験であり、私の米屋としてのアイデンティティを構築するコンテンツとなりました。私は運よくこのようなイベントを開催するチャンスを得ましたが、お米業界の人間（とくに生産者や集荷業者、卸業者など）が直接消費者とコミュニケーションを取れる場所は限られています。

消費者とのつながりを得るためには、小規模でいいから生産者と一般消費者が交流を持てるようなイベントを開き、そこで生産者や産地のファンになってもらうのが、地味ですが確実な方法です。都市であれば生産者が出てきて、産地であれば消費者を産地に呼ぶイベントでもよいでしょう。「グリーンツーリズム」や「農泊」の中に、田んぼ使ったイベントを組み込むなど、やり方はいろいろと考えられます。

そして、それを地道に毎年、数回繰り返し実施するのです。このやり方は時間がかかります。しかし、徐々にですがお米ファンを増やすことができます。私が観測する限り、元気のある生産者さんというのは、このようなイベントを継続的に開催しています。

また、このような対面でのイベントは確実に顔が見える相手にアプローチできる利点がありますが、その一方で訴求できる人数も限られてしまいます（「お米ゼミ」も一回の参加者は多くても十数人です）。そこで、空中戦。つまり、インターネットを使った情報発信を通じて不特定多数の消費者と関わっていくことも大事です。

私はSNSの専門家ではありませんが、米という商材を扱うなかで、十二分にSNSの効果を感じています。SNSの利点は、仕事の内容やイベント等の告知に加えて、自分の人となりも含め、気軽に情報発信ができる、そしてファンづくりにつなげられる、ということです。

弊社は、原宿という夜間人口の少ない立地の割に、一般消費者からの購入が多い米屋と感じています。この販路を開いたのがSNSです。例えば、「お米ゼミ」などのイベントで出会った人と、フェイスブック（以下ＦＢ）のアカウントを交換しておけば、その後もＦＢの投稿を通じて、私の活動を知り、親近感を抱いてくれます。するとだんだん「この人の勧めるお米を買ってみようかな」と思ってくれるのです。その米の味や品種、価格がどうこう、ではなく「小池理雄からお米を買う人」＝「ファン」になってくれるというわけです。これは米屋に限らず、生産者個人や産地全体でも応用が利きます。

投稿内容は、ことさら自分を売り込む必要はありません。ＳＮＳの特性に合わせて、文章や写真をアップしていくだけです。とくに、文章には人柄が出ます。

私の場合は一応、一般消費者の目線を意識（専門用語や隠語などは使わない）していました。ＳＮＳを始めたころは私も米屋を継いだばかりだったので、体験することすべてが新鮮でした。その鮮度が落ちないうちに、自分の体験を赤裸々に、一般人であれば不思議に思うであろうことを解説するように心がけました。おかげで、小学生からの問い合わせが（とくに夏休みに）多くなりました。

ただし、会ったこともない人にSNSを通じてダイレクト営業をかけるような真似はしないほうがいいでしょう。相手が一般のお客様であればかえって逆効果です。いつでも自分たちの情報発信を気にかけてくれる人を、ゆるく増やしていくのです。

米に限らずですが、これだけ消費者の嗜好が多様化しているなかで、販売チャネルは複数あってしかるべきです。ＳＮＳでのつながりはそのチャネルを増やす行為だと思ってください。

対面にせよ、SNSにせよ、とにかく消費者へ米の周辺情報をアピールしていくことが必要です。米はどこにでも売っています。そして、一般消費者にとって米は、味や見た目だけでは差別化が難しい商材です。だから「どこで買っても一緒」と軽んじられています。

正直、現段階での一般消費者の多くは、米の味の微細な違いなど分からないと思います。そこで必要になるのが味以外の情報、例えば「栽培のポリシー（動機）」「栽培における工夫」「周囲の風景」「田植えや稲刈り等実際の作業」、それに「人柄」、米屋なら店主の「独自の知識や見解」などです。

これらを消費者に知ってもらう機会を与え、「ファン」を少しずつ増やしていきます。米屋のファンでも、生産者のファン、産地のファンでもいいでしょう。まずは消費者に「選ぶ」行為をしてもらうことです。これは、すぐに効果の出るものではありません。長い道のりではありますが、5年・10年単位で必ず「お米ファン」が増え、消費量・販売価格などの数字につながるはずです。

ECサイト上の工夫

余談ですが、小池精米店のECサイトは、これまでの話を落とし込んだ形で2021年にリニューアルしました。（図2）

通販ページには、米のパッケージと名前だけではなく、それぞれの米に「環境」「栽培の工夫」「品種（味）」「生産者の熱意」「社会貢献、地域貢献」の5つの要素をそれぞれ、6段階で評価し、最終的な米の評価を導き出して掲載しました。

これは、米ごとの周辺情報を提示して、米を買いやすくするのと同時に、私の「独自の知識や見解」を載せて、小池精米店のECサイトで買う付加価値をもたらしているのです。

さらに、「小池理雄」が選ぶ「お米定期お届けコース」を新設しました。「コース」というのは、お客さんに品種や産地を選んでもらうのでなく、例えば「味も地域もバラエティに富むコース」「コスパの良いお米集合コース」「地域に還元したい人向けコース」などです。1コースを選ぶと、半年もしくは一年間、毎月米が送られてくるのです。これも、私にしかできない切り口で、他のサイトと差別化を図っています。

また、「お米を購入した人が生産者向けにお米の味の感想と応援メッセージを記載でき、さらにその文章に対して生産者から返信する」という機能も搭載しました。生産者と消費者にサイト上でつながってもらい、ファン作りをしてもらうことを目指したページです。

図2　小池精米店 ECサイト

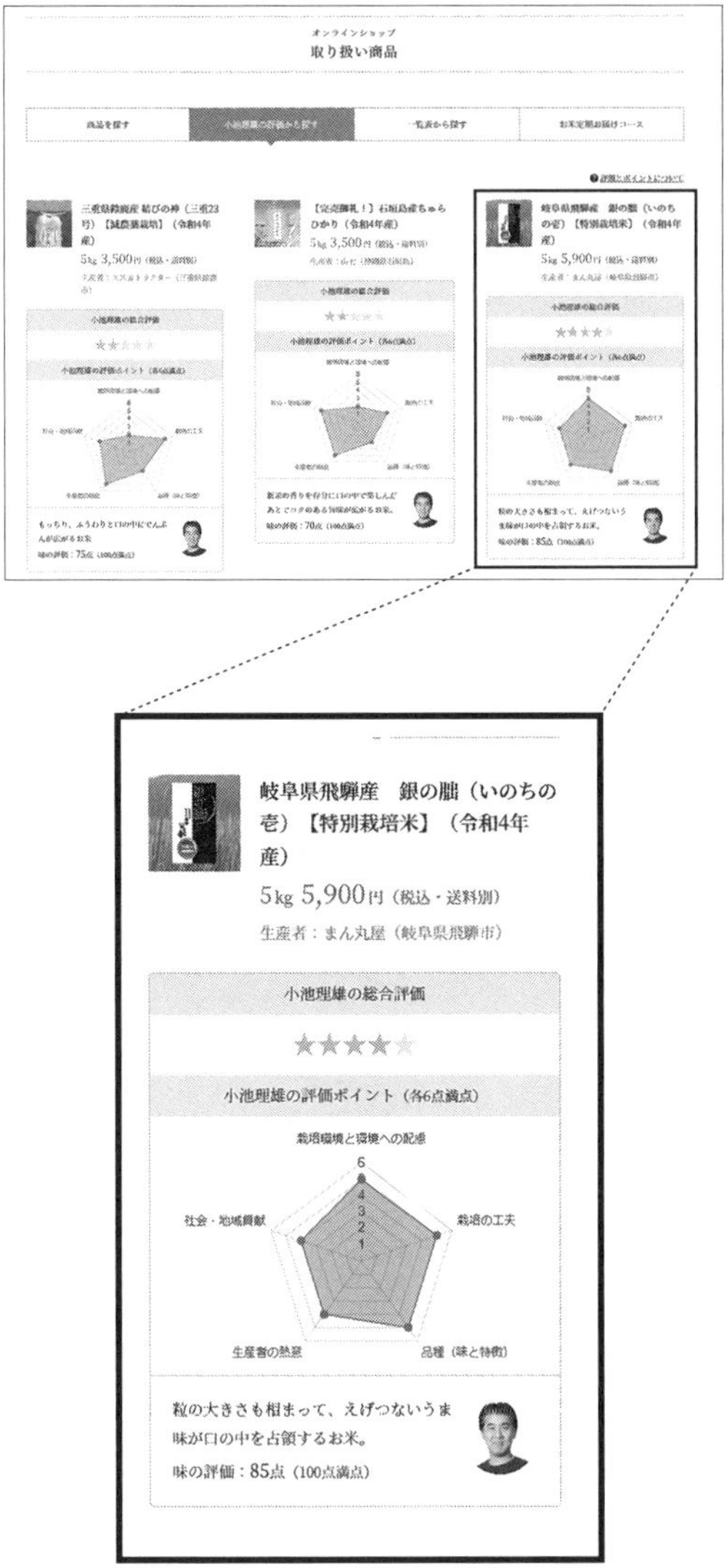

https://komeya.biz/product/evaluation/

その中の一つ、茨城県大子町の大久保農園のページにはこのような記載があります。[2]
購入してくださった方からのコメントが、

〈味の感想〉

玄米の美味しさに目覚めたところ、小池さんの「玄米食専用」というカテゴリーに惹かれて注文。炊いている時から、美味しそうな香りがあり、胚芽のサクサク感が好きなので、私のためのお米です。

〈生産者へのメッセージ〉

60年以上お米を食べて来た訳ですが、お米の奥深さを知りました。美味しい玄米に出会えて幸せです。令和2年産ラストのお米を手に入れる事が出来たんですね！　新米も楽しみにしています。

それに対して、

〈生産者から〉

お買い上げありがとうございます。丁寧な仕事を心がけながら、米作りに真面目に取り組んでいます。皆様からの声はとても励みになります。これからも田んぼから『おいしい』をお届けしていければと思います。今後も宜しくお願いします。


消費者による味の感想の投稿ページはよくあると思いますが、このように生産者が返信する仕組みは先進的な事例だと、ある県庁の人に指摘されました。

ただ、購入した方全員が感想を送ってくれるわけではないのは当然として、生産者側が返信をすることに消極的なのが課題です。せっかくの消費者との交流なのですが……。

確かに「自分の思いを文章で伝える」のは大変な作業です。生産者側からすれば、商品の品質で消費者に価値を与えることが大事であり、文章で伝えるものでもない、という言い分も分かります。

しかし、米の場合は差別化が難しいため、消費者にいかに商品に感情移入してもらうか、ということも販売に大切な要素です。弊社の仕組みはそのための機会創出の場なのです。

生産者が一線を越えて、消費者にその存在をアピールしていくことが、今後の米販売で成功するかどうかの分かれ道になるのです。

消費者へのPRが不可欠

先述したように、米の消費量は減少の一途をたどっています。多くの消費者は米に関して知識が乏しく無関心で、米を安く買い叩くことに疑問を抱いていません。

これは、今まで米業界全体が消費者への情報発信を疎かにしてきたためです。知る機会さえあれば、消費者の中にも米にこだわりを持って購入してくれる人もたくさんいたはずです。

潜在的な需要は必ずあります。弊社のような米屋だけではなく、生産者もJAも集荷業者も卸業者も、それぞれの立場で、米について情報を発信していくことが不可欠なのです。この積み重ねの結果が日本国内の消費量を上げていくことにつながるのです。

マクロ的な視点で見れば、今後、消費量そのものが「劇的」に上がることは難しい、というか期待しないほうがよいとは思います。しかし米が、消費者にとっても、生産者にとっても、消費者に届けるまでに関わったプレイヤーの皆さんにとっても、適正な価格で売買される、そんな健全なお米市場を作り上げることは不可能ではないはずです。

続いて、2章では、どのような情報を発信すればよいのか、「商品」としての米をPR

する要素について分析していきましょう。

【参考】
［1］令和3年度分「米の消費動向調査」（米穀安定供給確保支援機構）
［2］三代目小池精米店オンラインショップ「玄米食専用　茨城県大子町産　カミアカリ【無農薬栽培】」https://komeya.biz/product/755/

コラム

縁故米は誰も幸せにしない⁉

国民がどこで米を購入するのかは、米屋にとっては関心の高い項目の一つです。米穀安定供給確保支援機構が毎年調査、公表している「米の消費動向調査」の2022年度の平均によると、購入先の1位は圧倒的にスーパーマーケットとなっていて、全体の半分近くを占めています。次いで2位が「家族・知人などから無償で入手」です。これは全体の15％を占めています。

米屋等の米穀専門店から購入する消費者は全体の2・3％程度です。これはデパートやJAよりかろうじて多いものの、1位・2位グループとの差は圧倒的です。

「家族・知人から無償」で提供される米を業界用語で「縁故米」と呼びます。例えば生産者が、「東京に住んでいる娘家族にお米を送ってあげよう」「ウチは自給用に作っている米がほとんどだから親戚に送ってあげよう」「ちょっとこのお米は乾燥させすぎてしまって売り物にならないから誰か知り合いにあげよう」などといった理由で収穫した米を配るのです。

新米の時期になると、そういった「縁故米」の精米依頼が弊社には多く寄せられます。

送る側（産地）は玄米で送るので、受け取る側は精米する必要があります。コイン精米機がある地域ならよいですが、弊社のある渋谷区や近隣の港区、新宿区といった地域ではコイン精米機はありません。そのため、そういった問い合わせにつながるのです。

ただ、新米の時期だから問い合わせがあるのは当然「新米」の精米か、と思いきや、じつは「古米」というケースも多くあります。

それはこういうことです。

新米の時期になると田舎から「縁故米」が送られてきます。もらった側はその送られてきた縁故米を見て、ふと思い出します。「そう言えば、昨年もお米をもらったけれど、まだ食べていなかったな」。

そう、産地側は収穫した新米を送っているのですが、もらった側はすぐには食べず、ようやく1年後に食べようとするのです。

そして、たいていは普段使わないようなクローゼットや倉庫に無造作に置かれているので、品質は著しく落ちます。いえ、「品質が落ちている」くらいであればまだましです。なかには虫が湧いている米もあります。そういった米を平気な顔をして持ってくる人もいます。こういった話は弊社だけではなく他のお米屋さんと情報交換してもよくある話です。

そしてそういった「古米」を口にした人は「お米は美味しくないなぁ」と思うのです。

なぜこのような悲しい出来事が起きるのでしょうか？

それは、米を送られた側は「タダ」でもらっているから、米に対するリスペクトがないのです。米を美味しく食べようという緊張感がないのです。無料で手に入れた米には、そういったことまで思いが至らないのです。

そんな縁故米の存在が、さらに罪深いと思える一面があります。

まず、無償でもらえるから、米に対するありがたみがない。米は「タダ」、という気持ちがあるので仮に自分で買うことになっても高い米は買わない。むしろ安ければ安いほうがいい。極端に安い米には理由があります。たいてい美味しくありません。そこでまた米に対する評価が下がるのです。

産地の方の好意で送っているのは分かりますが、無償で米をもらう人こそ、美味しい米に出会う可能性が低くなっていると言ってもいいでしょう。

そう考えると、縁故米は罪深いのです。個人的には今すぐにでも止めていただきたいくらいです。

全体の15％という数字は無視できません。大げさかもしれませんが、縁故米の存在は、米の価値だけではなく、米の値段そのものを下げています。

そう、生産者は自分で自分の首を絞めている……と言えるかもしれないのです。

2章

「商品」としての米を分析する

「商品」としての米とは

「商品」としての米を本書で定義づけるとすれば、味であったり、環境であったり、農家の生活であったり、バックボーンも含めて楽しむことができる、「『価格』以外の付加価値で選ばれる米」のことを指します。

1章でも述べましたが、顧客たる消費者のほとんどは、米について無関心であることが多いです。そのために業務用でも家庭用でも、まずは米に関心を持ってもらうための情報発信が必要なのは、すでに述べたとおりです。

では、どのような情報を発信すればよいのでしょうか。

生産者が「うちのお米は美味しい」ということをいくら発信しても、消費者にはピンときません。もっと具体的に米の「売り」（周辺情報）を発信しなくてはなりません。

消費者が「欲しい」と思う要素は千差万別です。そのため、最低でも**図1**のような形で細分化し、購買意欲をそそるようなフック（きっかけ）をたくさん用意することで、ようやく消費者に選択肢を提示できた、という段階に進むのです。

生産者のなかには「うちのお米にはそんな特殊な『売り』はないよ」と思う人もいるかもしれませんが、本人が当たり前だと思っていることがじつは当たり前ではない、ということは多々あります。本気で稲作に取り組んでいる生産者の米であれば、なんらかの「訴

図1　消費者に響く12の論点

1. 生産者の顔
2. 農薬の有無
3. 栽培の工夫
4. 産地情報
5. 環境への配慮
6. パッケージ
7. 小分け
8. 玄米や分搗き米
9. どのような味なのか
10. 品種の物語
11. どのような料理に合うのか
12. 感情移入

えるべきポイント」は見つかります。

米業界の人間では考えられないほど消費者は米についてほとんど知りませんから、意外なトピックが消費者の関心を引くこともあるのです。順番に見ていきましょう。

消費者に響く12の論点

①生産者の顔

一度興味を持てば、継続的に買っていただける可能性が高いのは生産者の情報です。米の売りの第一要素は「味」ではないのか、と思うかもしれませんが、まずは興味を持って、手に取ってもらわなければ始まりません。

その最初のきっかけは、生産者自身ということは多々あります。生産者のバックボーンを詳しく知ることで、「この人から買ってみようかな」となり、栽培している米や生産者のファンになってもらえれば、継続的に買っていただくことができるのです。

よく「生産者の顔が見える」といって、文字通り生産者の顔写真を公開している売り方を見かけますが、ここで言っているのはそういうことではありません。生産者のポリシーを消費者に伝える、ということです。

ポリシーというのは「その米を作る理由」です。例えば、「地域社会を維持するため、雇用を創出するために栽培している」「自分の子どもの健康を考えて無農薬栽培を始めた」「料理人だった経験から食材のルーツに興味があり、食べさせるのであれば無農薬がよかった」「誰も周りでやっていないから、自然栽培をしている」「都内に住んでいたが結婚を機に北海道に渡って新規就農を始めた」「地域に若い人を呼び込み、自分の農業技術のノウハウを伝え、のれん分けをして周囲に仲間を増やしたい」「ササニシキは美味しいお米なのに、みんな栽培をやめてしまってもったいないから」などです。

このように生産者の思いを消費者に伝え、消費者が共感すれば自然と彼らはその米に手を伸ばします。それは「どうせ買うなら知らない人より知っている人から」と同じ心理です。お客さんはいつしか価格ではなく「鈴木さんのお米、ください」となるのです。

②農薬の有無

米に限らないことですが、農薬の使用状況を購入基準にする消費者は一定数います。生産現場においても、農産物の差別化を考えたとき、無農薬栽培や自然栽培を実施しておきながら、それを売りにしていないという人はまずいません。

「有機ＪＡＳ」や特別栽培の認証のシールは、農薬の有無を気にする消費者にとっては確かに効果的なアイコンになります。しかし、同じ棚にほかの無農薬の米が並んでいたとしたら消費者は何を基準に選ぶのでしょうか？　そう、じつは「無農薬」だけでは競合があるため、選ばれ続ける米になるのは難しいのです。

「有機JAS」や特別栽培の認証は、その取得への難易度の割には、多くの一般消費者にとって米を購入する際の強力な差別化にはなりません。もちろん、一つの売りにはなると思いますが、無農薬に加えて何かほかにアドバンテージを持たなければ、必ずしも選ばれるわけではないのが現実です。

③栽培の工夫

農薬の有無に限らず、栽培における工夫は、それぞれの生産者が持っていると思います。美味しさを連想させるような栽培へのこだわりなら、なお効果的です。

例えば「肥料」。どこかの資材店から買ってくる肥料を散布するのではなく、あえて地元由来の肥料を使うことにより、その地域の特色も併せて訴えることができます。一般消費者に「窒素・リン酸・カリ」と伝えても仕方ありません。そこで「ウチは日本海に近いので、カニ殻を使った肥料を使っている」となれば消費者にとってインパクトは絶大です。

肥料で言えば、「宮古島の『雪塩』と『はちみつ』を使っている」、長野県では「りんごを使っている」、愛媛県では「みかんを使っている」などもあります。福島県の会津では日本酒の製造が盛んです。その過程において出てくる酒粕を肥料に使っている地域もあります。しかもこの農法はそういった話題作りのためではなく、それこそ江戸時代の農書にも出てくる農法なのです。

肥料以外でも「種籾の芽出しで地元の温泉を使っている」「茎の養分を籾まで行き渡らせるために遅刈りを徹底している」「育苗段階でわざと大きなブラシで苗の表面を拭くことで苗を丈夫にする」なども見たことがあります。それらはしっかりと売りになるのです。例えば田植えの際に密に植える、または粗く植えるといったことでも、あえて明記するのもよいでしょう。生産者や米屋など業界人にとっては当たり前のことでも、その違いの意味を説明することが消費者にとっては選ぶ理由につながるのです。

また、「乾燥」の技術も大事です。最近は遠赤外線が流行っていますが、個人的には風乾燥のほうが美味しく仕上がると思っています。消費者の間では「何だか知らないけれども、はざかけはいいらしい」という概念は市民権を得ていますので、「風乾燥ははざかけの考えに近いんですよ」とアピールしやすいのです。もちろん遠赤外線でもいいのですが、その場合はいわゆる「グルメモード」を使用している（時間をかけてゆっくりと乾燥させる）という話もよいと思います。

福島県会津の生産者のなかにはあえて中干しをしないという人もいます（消費者への説明ではそもそも中干しとはなんぞやから始める必要がありますが）。その生産者があえて中干しをしないのは、田んぼの動植物を生かしておきたいという思いがあるからです。そこから「稲作とは、他の生き物の力を借りて行うこと」という話につながるのです。

畔にミントを植えることによりカメムシ防除につなげている生産者がいました。その圃場で収穫された米を彼は「ミント米」と呼んでいました。

合鴨農法も業界では普通の話ですが、何のために合鴨を使っているのか、その内容を一般消費者に説明することは大事です。消費者はそもそも農薬を何に使うのかが分かっていません。害虫はまだ理解しやすいのですが、雑草が最も生産者の頭を悩ませていることで、その解決策の一つとして採用されている農法だということを説明するのです。同じ観点から本来稲に害を及ぼすジャンボタニシの習性を逆手にとって除草に活用する話もできます。いずれも単純に「無農薬栽培」ではなく、なぜその農法をおこなっているのか、ということまで説明できるとよいでしょう。

石川県の輪島では「たんじゅん（炭素循環）農法」と言って肥料をほとんど使用しない農法を実践している若手農家がいます。地力を最大限に生かし、必要最小限しか肥料は使わないのです。別名をファスティング農業というそうです。

もちろん生産者がいろいろと工夫をしたとて、米の味が一般消費者にも分かるほど劇的に変わるわけではありません。生産者ではない私が言うのもなんですが、この肥料を使えばいい、このタイミングで水を入れればいいなどの工程は、それ単体で成り立っているのではなく、そういった複数の工程の積み重ねが米の味を作り出しているのです。さらに人間の工夫だけではどうにもならず、気候の問題やその土地や水との相性もあります。

そのためこういった工夫をことさら強調しても、その米の美味しさの理由を説明することにはならないのですが、こういった話をしたほうが消費者は選びやすいのです。その消費者目線に立った場合の見せ方というのは非常に大事なのです。

生産者のポリシーや栽培方法の工夫について知ることで消費者はよりその米に興味を持つことになります。そこが購買意欲の高まりにつながるのです。

このような「売り」は生産者自身が消費者に向けて発信することも大事ですが、もし米屋に卸すのであれば米屋にも熱意をもって説明してください。米屋はよくお客さんに「お勧めはどれですか？」と聞かれます。消費者は何を基準に選んでよいか分からないため、専門家である米屋に選択権を委ねます。そのとき、米屋は「生産者の顔が見える米」を勧めます。そのほうが味以外の要素について説明できる、つまり売りやすいからです。

エンドユーザーである消費者に自分の米を優先的に勧めてもらうために、生産者は米屋にたくさんのプレゼン材料を与える必要があるのです。

④産地情報

産地によって栽培環境は異なるため、米は環境の特徴を生かして栽培されています。生産者が意識せずとも、施肥設計だったり、水やりのタイミングだったり、刈り取り時期だったりが産地によって異なるのです。この違いによって、米の味も異なってきます。

生産者は基本的に自分の土地から離れて栽培することはないので、意識せずに自分の地域の特色を生かした栽培をしているのです。どのような産地であっても、稲作を進めるうえで「売り」となる特色は必ずあるのです。

それをもう一歩進めて、環境が米の味を左右する事実を売りにしている地域があります。例えば、新潟県胎内市の中条地区。弊社はこちらの米を長い間取り扱っています。品種はコシヒカリなのですが、ブランド名を「みずばしょう」と名乗っています。この辺りは非常に水がきれいなのです。もちろん「水がきれいな土地で作ったお米です」だけではなかなか消費者の心に響きません。そこで着目したのが「近隣にあるみずばしょうの自生地」です。この地域は日本有数の標高の低いみずばしょうの自生地なのです。それだけ水がきれいだ、ということを表現しているのですね。

ちなみに、水がよいと米が美味しくなる、という考えには様々な意見がありますが、私は単純に、水がきれいということは稲が健康に育ち、十分に品種のポテンシャルが引き出されるから美味しいのだろうと理解しております。

ほかに水のきれいさを売りにしているところでは、新潟県の魚沼の「沢田米」というコシヒカリがあります。栽培しているのは水沢生産組合というグループです。「水はすべて沢水を使っており、雑排水が全く入らないため、稲が健やかに育ちます」、ということを売りにしています。私も産地に行きましたが、棚田が中心で、圃場が山の上にあるため、上流にゴルフ場があるかどうか、など気にしなくとも大丈夫なのです。水を引くのが大変かと思いましたが、それこそ山の斜面にパイプをブスッと刺すだけできれいな水が湧き出てきます。なるほど、こういった水であれば米も健康に育つに違いないと思えるのです。同じ新潟県、佐渡島の事例でいうと、島という海風が常に吹いている環境も売りになります。風が強すぎると塩害や、また稲穂や葉っぱ同士が擦れて傷つく原因になります。ただ、極端でなければ常に風が吹いているような状況は、むしろ夏の暑い盛りに田んぼの空気をかき回してくれるので田んぼに熱がこもらず、結果として稲が健康に育つのです。

兵庫県の但馬地域ではその名も「蛇紋岩米《じゃもんがんまい》」というコシヒカリが販売されています。ご存じの通り、米はミネラルを吸収すると甘みが増します。このミネラル分を多く含む蛇紋岩が堆積してできた土壌が、蛇紋岩土壌です。但馬地域の、養父市の一部だけに広がる蛇紋岩土壌の田んぼで栽培・収穫された米だけが、「蛇紋岩米」として出荷されているのです。

よく「ウチの田んぼは土がいいから」と言う生産者がいますが、単に「いいから」だけではやはり消費者に伝わりません。このように具体的に何がどう稲に、米の味に作用しているのか、分かりやすい言葉で表すと消費者に響くのです。

こういった事例もそうですが、私が実際に産地に足を運んだときに気にするのは、

- **中山間地のメリット（夏の昼夜の気温差が大きい）があるかどうか**
- **水がどれだけ豊富か、またどれほどきれいか**

● 土がどのように米の味に影響しているのか
● 風がどのように圃場の環境に影響しているのか

の四つです。これらが産地の特徴を示すキーワードだと思っています。

これを先に挙げた事例のように、分かりやすく表現すると、その土地の特徴が米のイメージと結びついて消費者に説明しやすくなるのです。

⑤環境への配慮

最近は環境へ配慮した栽培方法かどうか、という点を気にする消費者・企業も増えてきています。一般消費者にとっては、自分の消費活動が産地の環境保全などにフィードバックされるという仕組みは、魅力の一つになります。

代表的な事例としては、新潟県佐渡島の米「朱鷺と暮らす郷」が挙げられます。国の特別天然記念物であるトキの保全と稲作を絡めた生産活動です。もともと佐渡島は、新潟県内で美味しい米の産地として有名でした。そして佐渡は、さらに米の価値を高めようとこの「朱鷺と暮らす郷」をリリースしたのです。トキは田んぼが餌場です。その餌場を増やすために、なるべく農薬を使わずに生き物が棲めるような田んぼを増やしていきました。そしてその田んぼで収穫された米を「朱鷺と暮らす郷」というブランドで販売を始めたのです。私がまだ駆け出しの米屋だったころに出合った米なのですが、「これはかなり面白い商品だ」と興味津々で販売を決めたことを覚えています。消費者が購入した その米の購入金額の一部が佐渡島に還元されています。佐渡島ではそのお金を使って生き物が棲めるような環境づくり、例えば魚を逃がす水路やビオトープの設置などに役立てているのです。

こういった生き物を前面に出した栽培の取り組みは、滋賀県の高島市の「たかしま生きもの田んぼ米」や、宮城県大崎市の「ふゆみずたんぼ米」があります。前者は滋賀県琵琶湖の生き物を守るために無農薬で栽培している米です。後者はラムサール条約にも登録されている世界的な湿地に飛来する水鳥の休憩場及び餌場として、冬でもわざと田んぼに水を残しておく取り組みから生まれたブランドです。

滋賀県ではもう一つ、「魚のゆりかご水田米」というブランドもあります。これは滋賀県名産「鮒ずし」の原材料である琵琶湖のニゴロブナを守るためのプロジェクトの一環です。外来種のブルーギルに稚魚が食べられてしまうため、その数を急速に減らしているニゴロブナ。そこでまずは産卵前のニゴロブナを水田に呼び寄せて産卵させ、水田で大きく育て、ブルーギルに食べられないくらいの大きさに育ってから琵琶湖に戻す取り組みです。この田んぼで栽培された米をそのようなブランドで販売しているのです。

環境ではありませんが、人の生活にフォーカスした取り組みもあります。岩手県の陸前高田市では現在「たかたのゆめ」という米を栽培しています。これは震災後、甚大な被害を被った陸前高田市の復興支援のため、ＪＴ（日本たばこ産業株式会社）が自社で管理していた種籾を市に譲り、市がそれを栽培して販売しているのです。陸前高田に行かずとも、「たかたのゆめ」を食べることで復興支援につながるスキームになっているのです。

米を食べるという日常の何気ない行動が、地域の環境や、特別天然記念物の保全、復興支援につながっている、という背景は、間違いなく最近の消費行動の一つに適ったものです。もちろん美味しいことが前提ですが、例えば同じ「コシヒカリ」であっても値段以外で選ぶとしたら、こういった「誰かのために役立っている」という認識なのです。

このように、「商品」としての米を考える際、栽培の段階から生産者自身で特徴づけられた米は、米屋としてはとても売りやすく、消費者も買いやすくなります。

もっとも、栽培方法を根本的に変える、というのはあまり現実的でなく、まずは今の自分たちの米に何か特徴はないか、自己分析してみるとよいでしょう。それでも特筆すべきことがない場合は、産地や農法を鑑みつつ、特徴の出るような栽培方法を試してみるのもよいかもしれません。

⑥パッケージ

生産者も産地も栽培方法もおいそれと変えることはできませんが、「見た目」や「形」の情報は比較的簡単に変えることができます。

米粒自体の見た目は基本あまり変わらないため、パッケージは非常に大事なのです。ただ、ぱっと見てきれいで、かっこいいデザインにするという意味ではありません。

以前、都内の米関連の展示場に足を運んだときのことです。そこに併設されている売り場で見たのは、ワインで使われるような、きれいなガラス瓶に詰められた3合の白米でした。産地や品種といった中身の異なる、しかし、見た目は同じ瓶がずらりと並んでいたのです。これって、確かにきれいだけれども、お客さんはどうやって選ぶのか？ という疑問が生じました。貼ってあるラベルも同じデザインで、米の違いは文字で判別するしかありません。デザインを統一してしまったことで、選ぶ基準が減ってしまったのです。

もちろん私は米屋ですから、白米を見ただけでその米の良し悪しは分かります。しかし、一般消費者は当然違いが分からないため、一つ一つ商品を手にして産地や品種を確認するしかないのです。一方、産地や品種を確認しても、一般消費者にとってはそれがどういう付加価値を表すのか分からないことが多いため、結局、あまり意味のない表記なのです。

パッケージデザインで大事なのは、米の情報を素早く伝えること、それがイメージであってもお客さんが一見して米を選ぶ動機付けになるデザインであることです。米は食べ物です。食べれば分かる商材です。しかし米消費減少の現状において問題になっているのは「そもそも米を選ばない」人が多いことなのです。米に関心がない人が圧倒的に多い中で、消費者にとって手間なく、直感でもいいので素早く判断する材料として、デザインはとても大事なのです。

弊社のような小さな米屋であれば対面販売が基本ですから、むしろパッケージは不要です。しかし不特定多数のお客さんを相手にする場合はお客さんが食べたくなる、興味を抱く、買いたくなる情報がパッケージにあることが必要なのです。

ワインボトルに入れた米は、確かに見た目はおしゃれです。それだけでも購入する人はいるでしょう。しかし米を売る側はここで終わってはいけません。売る側も見た目のよさで騙されないでください。そのデザインは米の情報を正しく、消費者が選ぶための基準となりうるのか、そこを意識してみてください。

代表的なパッケージでは「つや姫」があります（図2）。あの特徴的なキービジュアルは一般消費者がぱっと見で「つや姫だ！」と認識できるという、まさに好例です。

変わったところでは「さがびより」があります（図3）。これは袋がほとんど透明で中の米が丸見えなのです。それほどまでに自信がある米でなければ市場には出しません、という佐賀県のプライドなのです。

石川県の輪島では、「能登輪島米物語」という商品があります。この米は輪島という狭い地域のなかでさらに産地を九つに区分して、各産地の米を2合のキューブタイプのパッケージにしているのです（図4）。この商品はそれだけではなく、それぞれのキューブを並べるとひとつの絵になるという工夫があります。また各米の生産者やその土地の飯の供の情報も満載で、思わず手に取ってしまう商品です。

図2 つや姫

写真提供：株式会社マルタカ

図3 さがびより

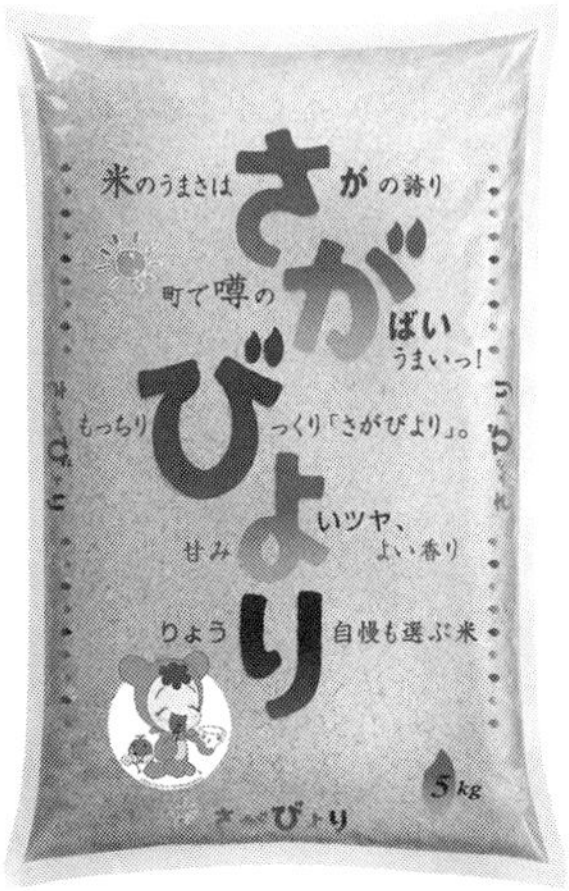

写真提供：佐賀県農業協同組合

図4 能登輪島米物語

写真提供：株式会社ビスポーク

ひとつ強烈な事例を挙げましょう。米袋にかわいい熊さんの絵が描かれた熊本県産「森のくまさん」（**図5**）は、子連れで買い物する消費者が買っていくのです。そこには栽培の工夫も、生産者のポリシーもありません。単にかわいい絵に子どもが興味を示したから購入につながったのです。このように見た目は非常に大事なのです。

⑦小分け

普段5kg、10kgで米を販売しているのであれば、2合や3合の米の「小分け」にも可能性があります。

2021年の夏、東京都主催イベント「夏の全国特産品マーケット」が開催されました。日本各地の名産品を展示、販売するイベントです。

私はこのイベントの米部門を担当しました。全国の生産者から米を仕入れて棚に陳列したのです。そのとき、主催側の要望は「小分けを多くしてほしい」ということでした。小分けというのは、2合や3合の、1～2食で食べきってしまうようなお試しパックのことです。各地の様々な米を陳列している目的の一つは、来場者に「選ぶ楽しさ」を享受してもらうためです。また、複数の米を買っていただくとなると、一つ一つが軽くないといけません。

もっとも、こういったイベントでの販売量はたかが知れています。仮に2か月のイベン

図5　森のくまさん

写真提供：JA熊本経済連

ト期間中に1000個販売できても、量としては300kgです。弊社にとっては一日の3分の1の売り上げです。

しかし、普段から常設商品として小分けの米を売り続けるのであれば、利益率の高い商品となります。小分けの米は単価を高く設定できるからです。小分けにする手間や、小分け用の資材の置き場など、手間暇を惜しまなければ比較的儲けが出る商品です。

小分け米をギフト用に販売して有名なったのが「八代目儀兵衛」です。ほかにも、小分け商品と言えばアマゾンのCMに出ていた「PEBORA」や、香川県のくりやの「オコメール」などがあります。もっとも、小分けを収益の柱とするには、工場を建てたり人を雇ったりと、結構な投資が必要になります。

また、小分けを普段使いの米として買う人

は多くありません。基本的にギフト商品であったり、お土産であったり、コミュニケーションツールであったりするので、同じお客さんが継続的に買い続けてくれるか、というと少し違います。

そのため、収益の柱にしないのであれば、「小分け」は販促ツールとして捉えるとよいでしょう。小分けに興味がある人は様々な米を試したい人です。米は毎日食べるものですから、お客さんをつかまえられれば、最終的には5kgや10kgを買うことになります。小分けの米を通じて消費者とつながりを持ち、次に普段使いの注文が入るようにすればいいのです。そのために、小分けには自分の情報、連絡先やSNSのアカウントなど、お客さんがコンタクトし易いような仕掛けをするのです。

手作業でも準備できる程度の小分け商品を開発しておけば、例えば要望に応じて各地のマルシェやイベントに出品することができます。最近、各地の名産品を集めた銀座の自動販売機が注目されています。コロナの影響で自動販売機が見直されていますが、小分けであればそういったプラットフォームに乗ることもできるのです。2021年11月に名古屋の「しなまつり」という店で、私が各地から集めた小分けの米の販売イベントが開催されました。このイベントの目的も、小分けの米を通じて、ネット通販及び普段使いの米の購入に結び付けることでした。

小分けの米をうまく活用すれば、また違った販売方法が見えてくるかもしれません。

えられます。

⑧玄米や分搗《ぶづ》き米

品種の選択を縦展開とすれば、同じ米でも玄米や精米歩合を変更するという横展開も考えられます。

「玄米」や「分搗き米」はその栄養価の高さから、健康志向の高い消費者からの注文が多く入ります。また分搗き米は手間がかかるからなのか、米屋以外では手がけているところは少なく、弊社はネット経由で分搗き米がよく売れています。

玄米の状態でJAや集荷業者に卸すことの多い生産者の中には、一般消費者が「玄米や分搗き米を食べる」という選択肢を持っていることが今一つ理解できない方も多いと思います。

消費者が白米以外でどのような選択肢を持っているのか、米の食べ方の流行を把握しておくことで、どのように「売り」を作ればよいかを考えるヒントとなります。

以下、それぞれの特徴を示しておきましたので、ご参考ください。

- **玄米**：玄米をそのまま食べる場合には、産地レベルで石抜き機や色彩選別機で調整済みであることが前提です。米屋レベルでは玄米用にこういった調整はできないことが多いので、むしろ産地で調整することが付加価値の一つになり得ます。
- **一分搗き（ほぼ玄米）**：玄米の表面の「ロウ層」は水を通しません。そこだけを削ったのが「一分搗き」です。水をよく吸い込むので玄米よりも炊飯時間が短くて済みます。そして栄養価は玄米とほぼ同じです。

- **三分搗き**：玄米の栄養価を求めつつ、あまり硬くないほうがいい、という人向きです。
- **五分搗き**：「私は玄米が食べたいけれど夫や子どもが嫌がるので」というご家庭向け。このパターン、最近本当に多く見られます。
- **六分搗き**：「『ザ・玄米』は避けたいけど、胚芽はしっかりと残してほしい」という人向けです。
- **七分搗き**：いわゆる「胚芽米」に近いお米。「白米愛好家」のなかで「玄米に興味はあるけどいきなりはちょっと……」といった人向けです。
- **八分搗き（ほぼ白米）**：もう少し白米を硬めに仕上げたい、という人向けです。

なお分搗き米がスーパーなどではあまり見られないもう一つの理由は、分搗き米は普通の白米より劣化が早い、ということが挙げられます。分搗き米は白米と違って糠がかなりの量で残っている状態です。玄米の状態であれば表面は「ロウ層」でコーティングされていますが、分搗き米だとロウがはぎ取られ、糠層の油分が出やすい状態になっています。そのため白米よりも酸化が早いのです。分搗き米は「精米したて」でないと美味しく食べることができないのです。

⑨どのような味なのか

当然ながら米は食べ物なので、味というのも本来は重要なトピックになるはずです。一方で、米はお腹を満たすための食糧でもあるため、もちろん美味しいか美味しくないかは大事ですが、それ以上の違いまでは求められていなかった時代が長く続いていました。

ところがここまで多くの品種がマーケットに出てくると、当然のことながら消費者は「Aのお米とBのお米は何が違うの？」となります。しかし米を供給する側は今までそんなことは言われたことも考えたこともありません。そう、食べ物なのに「お米の味」について詳細な説明をすること自体、歴史の浅い行為なのです。

以前、生産者と打ち合わせをしていた時のことです。「ウチの米は美味しい。なぜなら甘くて粘るからな」と胸を張って言いました。言っていることは間違ってはいません。しかし今どき、それだけでは消費者の購入意欲は湧きません。今の米はたいてい「甘くて粘る」からです。極端にパサパサであったり、硬すぎてポロポロだったりする米は、意図的に探さない限りありません。つまり、それだけでは「差別化」にならないのです。

生産者が消費者に自分の米の味を説明し、そして購入してもらうのであれば、もっと具体的に説明する必要があります。

「甘み」は例えば「舌の奥深くまで到達する、コクのある甘み」、「粘り」は例えば「口中にでんぷんの甘みを残していくほどの粘り」といったレベルです。ここまで具体的に表現すれば、米の味が「見える化」でき、消費者の関心が高まるのです。こういった話になると「ウチのお米は食べれば分かる」でまとめてしまう生産者もいらます。しかし、昨今の米の消費減退局面における一番の課題は「いかに手に取ってもらうか」です。「食べる」以前の問題なのです。

米の味を表すとき、こういった「具体的な表現」に加え「8つの切り口で評価」してみるのも一つの方法です。その切り口とは「見た目」「香り」「硬さ」「粘り」「うま味」「甘み」「食感」「のどごし」です。それぞれを5段階評価で採点します。米の味は非常に淡泊です。だからこそ、このように切り口ごとに分けて味を評価すると、品種ごとの味の違いが浮き彫りになるのです。

ここでどのような表現が考えられるのか、以下いくつか示してみます。ぜひ参考にしてみてください。

「魚沼コシヒカリ」**（図7）**

見た目はぷっくりとふくらみ、表面の照りはつるっとしてうま味が滲み出ている様子が分かる。口に含むと粒の弾力がしっかり分かり、粒だけではなくごはんのかたまりとしても楽しめる。うま味はごはんのかたまりを飲み込んでも、舌の上に残る。それほどまでにインパクトがある。味蕾の根っこまでうま味が届いている。上あごで感じる食感はみずみずしく申し分ない。

「つや姫」(図8)
見た目の粒の大きさ、照りは申し分ない。噛みしめると粒の硬さはこちらの歯を跳ね返すくらいの弾力があり、それでいてその弾力の先には粘りも感じることができる。粒自体の主張が強く、口の中で一粒一粒の顔が見える。ごはんを口に含むと、すでにのどの入り口からして甘く感じる。粒の表面のおねば、上あごで感じる抵抗感、粒同士のほぐれ具合、すべてにおいて申し分ない。

「あきたこまち」(図9)
見た目の粒はやや小ぶりであるが、その割には噛んでみるとやや硬めで、粒の力を感じることができる。うま味が口の中で立ち上がるスピード、広がりの浸透度は申し分ない。それでいてさっと口の中から消えていくため、ややあっさりめの印象を与える。米粒のおねばは十分に滲み出ており、そのねっとりとした食感は上あごに十分訴えかける力があり、気持ちがいい。

これくらい詳細に分析できれば、売る側の解像度も上がり、消費者に自信を持って説明できます。

図7 8つの切り口で評価

魚沼コシヒカリ

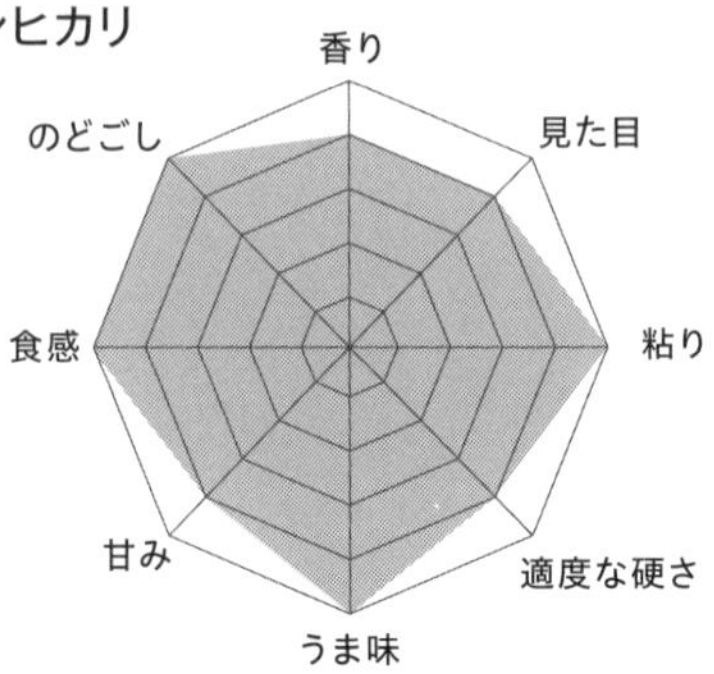

図8

つや姫

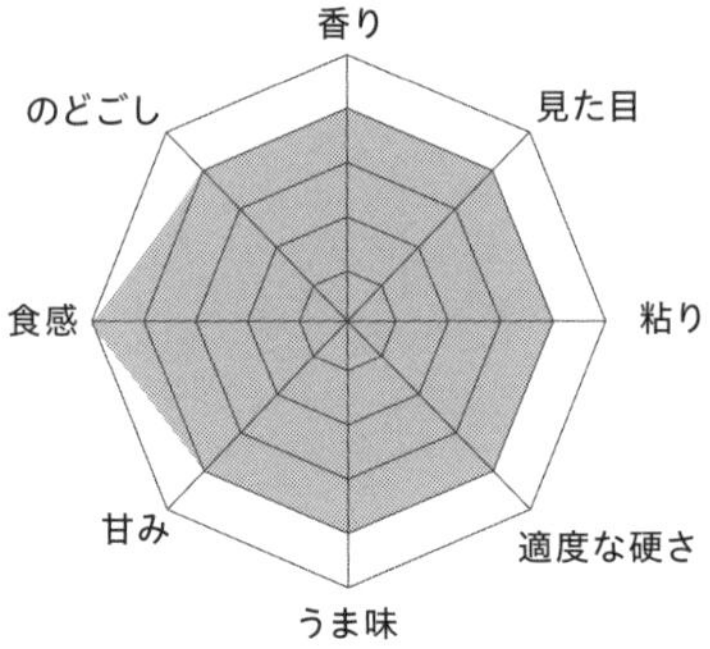

図9

あきたこまち

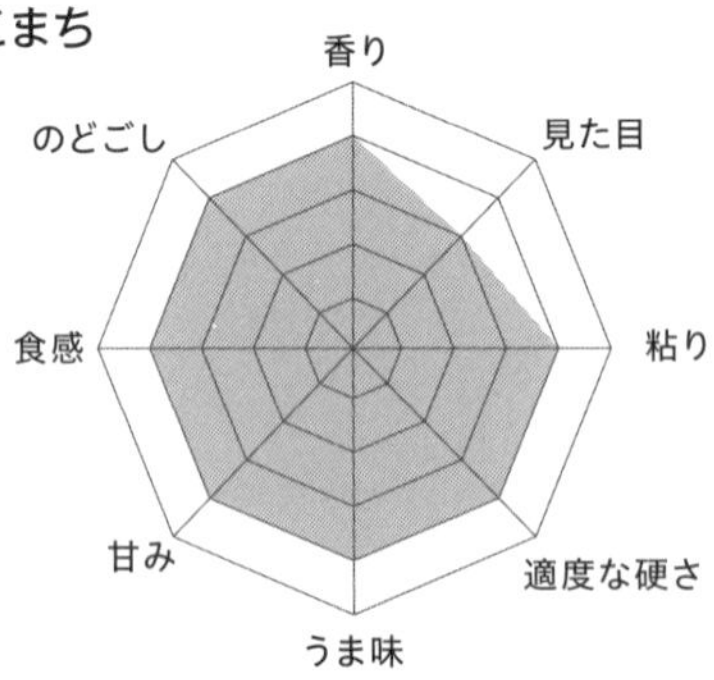

引用：JA グループ・とれたて大百科

少し話はそれますが、米業界は品種名のつけ方が下手だと思います。名前は確かにかっこいいのですが、その名前が味の説明になっていたり、美味しさを喚起するものが少ないのです。例えばイチゴであれば「あまおう」とか「紅ほっぺ」とか、聞いただけで特徴が伝わってきます。

「コシヒカリ」であれば、例えば「うまみがち」のようにインパクト＋味を想起できる、といった名前にすれば一石二鳥なのに、と思ってしまいます。とくに、低アミロース米はすべからく改名すべきだと思います。この米は水を減らして炊くことが大前提なのですが、ほとんどの消費者にとっては炊飯とは電気炊飯器を使う作業であるため、そもそも「水を減らす」といった発想自体がないのです。そこで低アミロース米は「みずすくなめ」と命名したほうがよいわけです。

⑩－1 品種の物語

「コシヒカリ」のような、「品種名」で良くも悪くも判断される米もある一方で、品種やブランド自体はそれほど有名ではないけれど、広く手に取っていただける米もあります。それは、その品種の「物語」が優れているためです。

購入理由として消費者に一番刺さるのは「突然変異」です。田んぼには時々突然変異の稲が現れます。気に留めなければそのままですが、生産者の中にはその稲を品種として登録する人もいます。普通の農産物ではあまり聞きなれない言葉のため、消費者はかなり興味を示します。

例えば、岐阜県で生まれた「いのちの壱」がそれにあたります。大粒で食べごたえがあり、旨味がダイレクトに舌に伝わる分かりやすい味なので、弊社では値段が高い米にもかかわらず大勢のお客様から引き合いがあります。もちろん、買ってからはその米の味が判断基準になるのですが、その前に消費者が手を伸ばしたくなる要素がこの突然変異なのです。

その他、静岡県で生まれたコシヒカリの突然変異「カミアカリ」や宮城県で生まれたササニシキの突然変異「かぐや姫」などいろいろあります。余談ですが私がこの突然変異を推す理由の一つとして「突然変異が生まれる（正確には『見つかる』）背景には、いかに生産者が普段から田んぼを見回っているか、それだけ手間をかけているかの裏返しなのです。でなきゃ突然変異なんて見つかりませんよ」と話しています。

品種開発の苦労も、物語として優れています。「青天の霹靂」は、青森県の苦労が実った品種として紹介しています。日本穀物検定協会がおこなう食味ランキングでは、今でも産地レベルではいかに最高位の特Aを獲得するかが重要な使命になっています。東北地方は日本の穀倉地帯と呼ばれるほど米の生産が盛んで、美味しい米が穫れる米どころでもあります。この食味ランキングで、東北地方の各県は特Aの常連なのですが、青森県だけこの特Aから長い間、漏れていたのです。その理由には他の産地で栽培することのできる「コシヒカリ」や「あきたこまち」「ひとめぼれ」にあまり適した土地ではないこと、味よりもどちらかというと量を獲得する方向で努力を続けた産地であったこと、などが挙げられます。

しかし、青森以上に稲作に適していないと思われていた北海道が「ゆめぴりか」「ななつぼし」で特Aを獲得したころから風向きが変わります。東北6県の一つとして何としても特Aを、ということで開発されたのが「青天の霹靂」。見事に特Aを獲得したときには知事は泣いていた……という逸話もあります。

山形県発祥の「亀の尾」という米はその昔、明治時代に流行った米で、当時は「神力」「愛国」と並んで「日本三大美味しいお米」の一つとして有名な米でした。それがいまだに栽培されているということでその歴史の深さに惹かれて買う人もいますし、また漫画『夏子の酒』（尾瀬あきら）でモデルになった酒米ですよ、という話をすると興味を示すのです。

福井県の「いちほまれ」という品種は、福井県が威信をかけて開発した米です。その威信とは、じつは「コシヒカリ」は福井県の試験場で生まれたという事実です。それにもかかわらず「コシヒカリ」はいつの間にやら福井県の米ではなく新潟県の米として広く認識されるようになってしまいました。もちろん開発段階でそのポテンシャルを見抜いた新潟県（や千葉県）がすごいのですが、それはともかく他県の子になった「コシヒカリ」を追い越す米を作りたい。その思いが結実したのが「いちほまれ」なのです。この「いちほまれ」、名前が決まる前は「越南291号」とナンバリングされていましたが、県庁内ではコードネームで「ポスコシ」（ポストコシヒカリ）と呼ばれていたのです。そんな福井県の執念も立派な品種の物語なのです。

私は仕事で時々、こういった品種の物語を書くことがあります。テーマを与えられてその品種を掘り下げるのですが、公になっていることはあまり面白くなく、じつは……といった裏話のほうがインパクトがあるのです。「ゆめぴりか」は一回失格の烙印を押された品種だとか、「つや姫」という名前は別の名前に決まりそうなときに知事の一声でひっくり返って決まった名前だとか、「あきたこまち」はせっかくのブランド米なのに品種登録をしなかったため今では秋田県以外でも広く栽培されているとか、そういった「じつは」といった逸話じみた話は結構あるのです。でも、産地や生産者の公式プロフィールにはあまり出てきません。それはその米の「正史」だと言ってしまえばそれまでですが、個人的には消費者の興味を引くためにもう少し遊び心（もっと言ってしまえば自虐的視点）があってもいいのではと思うのです。

⑩－2　新品種ブームのなかで埋もれずに特徴を出せた米とは

「品種」という論点でいうと、新しい品種が登場したときは、注目を集めるチャンスです。新品種を開発した自治体などがこぞって（予算の許す限り）ＰＲを開始します。しかし当然ですが「新しい」というだけでは、興味を持ってもらえません。野菜や果物など、農作物はどんどん多品種になっていきますが、特に米は新品種ブームによって、品種の数が一気に増えました。

しかし実態は、「どの品種を食べてもそれほどはっきりとした違いが分からない」「いろいろ品種があるけど、選び方が分からない。いつものにしよう」と、いたずらに消費者を混乱させているだけです。

なぜこのようなことが起こるのでしょうか。それは、多くの新品種の開発現場では消費者のほうを向いていないからです。

米の新品種開発の現場、例えば農業試験場では「○○のような稲を開発したい」という目標を決め、それを具現化するために様々な品種を交配させます。そこから「これはよさそうだ」と思われる検体を選別し、育成し、目的通りの特徴が出ているかどうか確認します。

この「よさそうだ」というのは、例えば茎の長さはどうか、収量はどうか、病気には強いかなど、どちらかと言うと生産者にとって必要な特徴を重視しています。

ある程度の段階まで選別が進めば味を確認するそうですが、以前ある試験場で聞いた話では「電気炊飯器で炊飯し、職員が集まって食べ比べをする」という方法のようです。もちろん、試験場の方たちも米のプロですから味の選別ができる舌をお持ちだと思います。

しかし、そこで抜けているのは「全国のトレンドからして、この味は『特徴的』なのだろうか」「一般消費者がリピーターになる味だろうか」という視点です。「売れる味かどうか」を考えるためには、やはり身内だけでなく、有識者も含めて検討すべきなのです。

自治体を巻き込んだ新品種となれば、三つくらいまで最終候補を絞り、その最終候補についてて米の専門家などが味の確認をする場合があります。しかし、ここまで来れば似たような味の米しかないのです。

前述した試験場の話を聞いたとき、私は非常に「もったいない」と思いました。もし初期段階から「消費者の好みを理解している」専門家を巻き込んでおけば、より「消費者受けする」米の開発につながるはずです。

ここで代表的な「新品種」の成功例を見てみましょう。

⑩-3　山形県「つや姫」と北海道「ゆめぴりか」はなぜ成功したのか？

まずは、山形県生まれの「つや姫」。日本で最もブランディングに成功した品種の一つと言ってよいでしょう。デビューは2009年。当初から掲げていた「コシヒカリを超える」というスローガンは14年経った今、価格の面ではすでに達成していると言えます。今では新潟県平野部で収穫される「コシヒカリ」よりも高い価格を保ち、昨今の米価下落局面においても値段は下がりません。ここまでしっかりと「価格の下支え」ができているのは、消費者からの信頼が大きいためといえるでしょう。

「つや姫」がブランディングで成功したのは次の四つによるところが大きいと思われます。それぞれ解説します。

（1）食味の管理がしっかりできていること

「つや姫」は山形県の生産者であれば誰でも栽培できるわけではありません。希望者が手を挙げて、県に認められて初めて栽培が可能になります。さらに栽培マニュアルの遵守を求められ、減農薬・減化学肥料の「特別栽培米」以上であることが条件なのです。また、収穫した玄米の品質（たんぱく質の値）もチェックされます。

このようにハードルを上げることにより「売れるから」といって誰でも簡単に栽培できないようにしているのです。

（2）県レベルで常に盛り上げようと仕掛けをしていること

山形県庁には「ブランド化戦略推進本部」が置かれ、常に「つや姫」を盛り上げるためにイベントの実施や情報発信等をおこなっています。以前はテレビCMまで流していました。いくら美味しい米であっても認知度がなければ消費者は購入しません。そういった意味では最近CMが流れていないのは、十分認知度が上がったという判断でしょう。また品質を重視するため生産量をいたずらに増やしているわけではないので、大々的にCMを流したがために「新米が出る前に売り切れた」を防ぐ意味合いもあるのでしょう。

（3）米屋のファンが多いこと

山形県は「つや姫」のデビュー前からサンプルを米屋に送り、彼らの意見・感想を聴取し、販売戦略に役立ててきました。デビューの年もまずは米屋を中心に販売を開始しました。

その姿勢はおおむね米屋から好印象を持たれています。米屋で米を買う人は日本全体で3%にも満たないのですが、一方、メディア等で米を語るのは米屋以外ではあまりいません。米屋が常に「つや姫」のよさを吹聴するため、じわじわとした宣伝効果があるのです。米屋などの専門店を重視する姿勢は、今振り返ると正しい選択だったといえるでしょう。

（4）既存の米との違いが明確であること

「つや姫」は分かりやすい味で、とくに「コシヒカリ」との違いは明確です。

「つや姫」に限らず最近の米のトレンドは「外はパリッ、中はジューシー」なのですが、その走りがまさに「つや姫」でした。それまでは「コシヒカリ」に代表されるようにもっちり系が流行っており、「つや姫」のような食感がしっかりしつつ中身もうま味がぎっちり、という米はありませんでした。米のような淡泊な味でも違いが明確に分かるというのは差別化という意味では非常に大きいポイントです。

このような複数の要素が背景となり、今では「つや姫は間違いのないお米」として消費者から厚い信頼を得ているのです。

今や全国区になった「つや姫」ですが、その名前を決めるときの県民投票では3位でした。ところが東京で実施したアンケートでは「つや姫」が1位だったのです。この結果を受け、山形県は「つや姫」を採用したのです。

こういったエピソードを聞くと、当初から消費者目線を大事にしていた県の姿勢が分かります。「つや姫」が消費者に愛される理由も納得です。

続いて「ゆめぴりか」。ご存じ、北海道を代表するブランド米です。

時々「ゆめピカリ」と言い間違える人がいますが、名前の由来を知ればもう間違えません。「ゆめぴりか」は「夢」と、アイヌ語で美しいという意味の「ピリカ」をかけあわせて命名されました。名前は一般公募により3422点の応募の中から選ばれました。北海道には数多くの品種がありますが、名前を決める際に公募を行うケースはそれまで2例しかありませんでした。それだけ「ゆめぴりか」にかける北海道の期待は大きかったのです。

かつて北海道の米は「美味しくない」という評判が専らでした。しかし、「ゆめぴりか」にはその評価を180度ひっくり返す実力があったのです。

「ゆめぴりか」は見た目の粒は大きく、照りも張りも申し分ありません。個人的な味の感想を述べますと、口に入れるとごはんがほぐれて、粒が弾けます。ぷりっとして弾力があり、粒の表面に滲み出るおねばは、咀嚼する前からしっかりと口中にもっちり感を伝えます。咀嚼するとでんぷんの粘りはしっかり奥歯にとどまり、でんぷんの甘みが口中を覆います。飲み込んだ後でものどの奥から甘みが戻ってきます。

「ゆめぴりか」は北海道上川農業試験場で育種されました。開発から4年目の試験で「収量」の面で不合格になっていましたが、「食味」が圧倒的に優れていたため、研究員は諦めずに保管していたのです。再試験で見事に合格し、北海道のブランド米候補となりました。当時、ブランド米の候補は「ゆめぴりか」を入れて3つありましたが、さらにそこから選ばれ、晴れて北海道のブランド米としてデビューしたのです。

その選考過程において北海道はより消費者に近い専門家である米屋と寿司店に意見を聞きました。そういったアプローチはこのときが初めて。それまでは味を食味計等の機械で判定し、あとは流通業者の意見を聞いて決める、という流れが通例でした。

あえて専門家に聞いたのは、彼らに「機械では分からない、エンドユーザーに響くお米のストロングポイントを見出してくれるのでは」という期待があったからです。

「ゆめぴりか」がエンドユーザーを強く意識している姿勢はデビュー当時からしっかり守られています。2009年10月に「ゆめぴりか」はデビューしましたが、その年の北海道は冷害でした。品質基準未達の米が続出し、出荷できるのは全体の1割程度。しかし北海道はその品質基準を緩めず、あくまでも品質を守ることを第一にし、その1割だけの販売にとどめたのです。

そういった厳しい品質管理が実を結び2010年の道外デビュー以来、日本穀物検定協会の食味ランキングでは最高位の特Aを毎年獲得しています。

2011年、「すいません、『ゆめぴりか』って何ですか?」というフレーズとともに、全国ＣＭが流されました。そして、２０１４年以降に起用されたマツコ・デラックスさんのインパクトにより、一気にその名前は全国区となったのでした。

毎年札幌で「ゆめぴりかコンテスト」が開催されています。その年に収穫された「ゆめぴりか」を産地ごとに分けて食味を競うものです。私も数回審査員として参加したことがあります。このコンテストは生産者のモチベーションアップ及び消費者への宣伝効果が期待されていますが、私自身は『『ゆめぴりか』の可能性を探るコンテスト』という位置づけだと思います。

審査員としての参加を通じ、「同じ『ゆめぴりか』でも産地によって様々な『美味しさ』がある」ことに私は驚きを禁じ得ませんでした。そして消費者はまだまだこういった「ゆめぴりかの奥深さ」に触れていないわけです。もし私が体験したことを消費者にも広く感じてもらえれば、もっともっと「ゆめぴりか」の楽しみ方、消費の仕方が増えていくのでは？　と思うのです。

昭和の時代の「北海道米はやっかいどう米」という消費者の思い込みを取り除いてくれた「ゆめぴりか」。これからも生産者と道民の「夢」を乗せて、進化し続けることでしょう。

⑪－１　どのような料理に合うのか

米の味自体の分析も大事ですが、その先にある次の論点は「そのお米はどのような料理

図10　飯の供の「食感」を基準に米との相性を見る

飯の供の食感	米：うま味がある	米：粒が張っている	米：粘りがある
ねっとり系	どちらでもよい	相性よし	相性よくない
ぱりぱり系	相性よし	どちらでもよい	相性よし
硬い系	相性よし	相性よくない	相性よし

に合うのか」ということです。今でこそ私は飲食店とのやり取りを通じて「このお米はこの料理に合う」と説明することができますが、以前はそこまでの深い話は求められませんでした。そういった意味では比較的新しい話なのです。

まずこの話をする前に、「口内調味」について説明します。「口内調味」とは「ごはんとおかずを同時に口の中で咀嚼することにより、それぞれ単品では味わうことのできなかった味へと昇華させ楽しむこと」を指します。これは私たち日本人が昔からの食習慣のなかで会得した独自の技なのです。

そう「米と○○の相性」とは「口内調味ができるかどうか」の話になるのです。そしてもう一つ。この「口内調味」を説明するには、前述したような「米の味を分析」する必要があります。米の味を見切ることができなければ、当然口の中で何が起こっているのか説明はできないからです。

では具体的にどのように口内調味を感じるのでしょうか？

まず米と飯の供をいくつかの切り口で見ます。米については「うま味」「粒の張り具合」「粘り」の三つです。飯の供については「材料」「調理方法」「食感」「味」「形状」といった切り口で分類します。さらに例えば「食感」であれば「ねっとり系」か「ぱりぱり系」か「硬い系」か、「味」であれば「しょっぱい系」か「甘い系」か「辛い系」か、「形状」であればば「まぶし系」か「固形」か「ドロリ系」かに分かれます。そしてこういった切り口同士をマトリックスでまとめると「この米は何に合うのか」が分かるのです。

図10のような表で、切り口ごとに整理します。そうすればあとは自分が販売したい米と、お勧めしたい飯の供（例えば地元の名産品など）の特徴を分析し、当てはめれば「米との相性」を説明することができるのです。この手法はブレンド米だろうと単一銘柄だろうと関係なくできます。いかに米とおかずの味を見切るのか、が大事なのです。

⑪−2　ブレンド米が差別化の鍵に

米の品種そのものの差別化のほかに、最近注目されているのが「ブレンド米」です。ブレンド米というのは、複数種類の米を組み合わせて製造される米のことです。生産者にはなかなか難しく、基本的には米屋との協力が欠かせません。

「ブレンド」は、単一銘柄米では買う側（おもに飲食店）の理想の味を実現できないときにおこないます。理想の味を相手からヒアリングして、どの銘柄を混ぜればオーダーされた味を実現できるのかを考えます。そのためにはあらゆる品種や産地の特徴をつかんでいなくてはなりません。そのため、美味しいブレンド米を作るには高度な技術が必要です。

最近は、ブレンド技術が注目されつつあり、ブレンド米が一種のブランド化しているケースも散見します。一例を上げると、「八代目儀兵衛」はブレンド米のギフト商品で成功した米屋ですが、同時にそのブレンド技術のアピールに成功し、もはや「儀兵衛米」ともいうべき人気を集めています。2023年3月には「おにぎりに合うお米」としてブレンド米を作り、セブン‐イレブンのおにぎりを監修しました。

私が最近取り組んだブレンド米の事例として、滋賀県にある古株牧場という会社を紹介します。メインは畜産なのですが、別事業として米の栽培もしています。牧場なので米栽培にはそれほど力を入れていないかと思うとさにあらず。5～6種類くらい栽培しており、その米を既存の売り先以外に、自分たちでどのように販売していけばよいか、と私に相談がありました。

古株牧場は肉を「焼き肉・ステーキ用」と「しゃぶしゃぶ・すき焼き用」に分けて通販で販売。それにセットする形で米も販売したいということでした。

私に与えられたテーマは二つ。肉料理に合うブレンド米を考えてほしい、そして、ブレンド米の材料は古株牧場が栽培している米に限る、というものです。こういった米の味にフォーカスした仕事を頂戴できるのは米屋冥利に尽きます。こういったときお米マイスターとしてできるのは「米の味を見切ること」「料理とどういった相性を考えるのか」の二つの視点からブレンドすることです。

そしてこのような内容で先方にプレゼンしたのです。

「焼き肉・ステーキに合う米」の考え方

焼き肉やステーキは、肉汁やタレといった水気はあるものの、基本はしっかりとした食感のある、噛みしめてこそ楽しむことのできる肉料理です。歯ごたえがあるということはそれだけ咀嚼の回数も多いということ。

そんな肉料理に合わせる米は、咀嚼すればするほど甘みが出る、そして口の中で肉と交じり合うほどに粘りがあるものが理想です。

古株牧場で栽培しているお米のうち、滋賀県オリジナル品種の「秋の詩」に「ミルキークイーン」をブレンドすることにより、肉に負けない甘み、そして肉を逃さずに捕らえることのできる粘りを実現できるはずです。

「しゃぶしゃぶ・すき焼きに合う米」の考え方

しゃぶしゃぶやすき焼きは、たっぷりの割り下やポン酢といったつけ汁がまぶされた状態の、非常にみずみずしい状態の肉料理です。こういった料理に合わせる米とは、汁をきちんと受け止め、そして粒の形を保ちつつ肉を迎え入れることができるものが理想です。また粒がしっかりめである一方で、でんぷんのしっとり感も求められます。そうでなければ肉のうま味を受け止めることができません。

古株牧場で栽培している米のうち、滋賀県オリジナル品種の「みずかがみ」に「キヌヒカリ」をブレンドすることにより、汁を含んでパラついても、各々の粒のでんぷんが肉に溶け込んでいくような味を実現できるはずです。

もちろんこれだけでは私の独りよがりの考えです。もっともらしいことを言っているけれど本当か？　となるので、関係者を集めて試食会をしました。

試食なのでおかずと一緒に食べます。「焼き肉・ステーキ用」に対しては「肉の塊が分かるもの」、「しゃぶしゃぶ・すき焼き用」に対しては「ちょっと汁がまぶさっている肉料理」の二つを準備してもらいました。その結果、私が想定していたほうのブレンド米で満場一致の決定となったのです。

こういった「料理との相性」という視点で考えると、米の付加価値というのは無限に広がるのです。「値段を下げるためのブレンド米」ではなく「新しい味を作るブレンド米」は、まだあまり手垢のついていない、ブルーオーシャンな分野なのかもしれません。

⑫感情移入

「人間は理屈で動かない。感情で動く。だから理動といわずに感動といいます」

私の前職の上司の言葉です。

私の前職は企業に人事制度を導入するお手伝いをするコンサルタントでした。私たちは会社に対して理屈を積み上げて制度を設計していましたが、いざ導入、運用という段階になって、社員が動かず制度は画餅に帰してしまう。そういった事例をいくつも見てきました。社員が制度を運用するには、コンサルタントが滔々と説明を述べるのではなく、社長が熱意を持って社員に伝えることが大事なのです。

米屋を継いで思うのは、そういった場面は米販売にも大いにあるということです。いくら美味しい米でも、いくら生産者の顔を見せても、いくら無農薬だなんだといってスペックをそろえても、最後に買うときは「このパッケージがかわいいから」「山形県って美味しい食べ物が多いイメージがあるから」「宮沢賢治が好きだから、岩手県のお米」といった、消費者サイドの理由で決まるのです。

消費動向は理屈では決まらないという話はよくありますので、米に限った話ではないと思いますが、ただ米についてはその感情移入で購入が決まる「隙」が多いように思われます。それはやはり米は「選ぶための材料が少ない」からなのです。見た目がすべて白くて楕円形をしたお米は、普通の人では見分けがつきません。いや、私のようなプロであっても、その見分けがついたから、じゃあ買うかとはならないのです。

生米を見たとて、美味しそうと思う「シズル感」はありません。形の違いが分かっても「なんて美味しそうな楕円形なんだ！」とはならないのです。だから、消費者は別の買う理由を探します。もっとも、それが値段になってしまう場合が多いのですが……。

しかし、そういった中に感情で決まる要素があります。そういう意味では、米は農産物の中では最もパッケージのデザインが大切な商材なのかもしれません。そこだけは理屈の積み上げで人の感情に訴えることができるからです。

「○○が好きだから」という理由は個人の生い立ちの話にかかわってきますが、早い話、米を好きになってもらえばいいのです。そのために、消費者に「お米の楽しさ」を伝え続けることが大切です。米に対してのいいイメージが「お米を買いたい」につながるのです。だからこそ私の座右の銘は「お米を楽しく」なのです。

付加価値をつけて低価格から脱出

消費者は米に限らず「低価格」に慣れており、納得すれば高い価格でも購入しますが、普段使いの米にはシビアな傾向にあります。

米を「普段使いの日常品」としての側面だけで見せてしまうと、低価格にとどまってしまいます。

いかに「日常品」とは違う面で消費者に「気づき」を与えて財布のひもをゆるませる「口実」「動機」につなげるのか。それこそが、これからの米販売に必要な売り方だと思います。「米を販売する」とは、ほんの30年ほど前から始まったこと。商材としては非常に古くても、まだまだ新しい業界なのです。今は、何をやってもパイオニアになれる可能性があります。

これからは、大量消費・大量生産に慣れ、大々的な宣伝で購入を決める「不特定多数の消費者」よりも、米に興味があり、米の味だけでなく、米の歴史や稲作が環境面で果たす役割等を理解し、その上で米を楽しもうとしている「特定多数の消費者」を増やすこと。それが私たち米を供給する側の目指すべきことなのです。

米対談

年間20億個以上のおにぎりを販売するセブン-イレブン。米へのこだわりも新しいフェーズへと差し掛かる

株式会社セブン-イレブン・ジャパン

商品本部　デイリー部　米飯・麺類
シニアマーチャンダイザー
赤松稔也

米の消費を語るうえで、外食や中食産業の消費は見逃せません。飲食店や弁当屋、そしてコンビニエンスストアなど「外で食べる米」は、昔に比べるとはるかに身近になり、日本人の考える「米の味」にも影響を与えています。

そんな中、おにぎりを年間20億個以上売り上げるセブン-イレブンは、2023年に「京の米老舗 八代目儀兵衛監修 おにぎり」という、会社史上初の、米屋を監修に迎えたおにぎりを発売しました。米へのこだわりについて、今までの歴史と、コロナ禍を超えた今後についてお話しました。

セブン-イレブンのこだわり 仕入れるお米は圃場を視察、精米のため専用精米機を開発

小池（以下小）：セブン-イレブンのおにぎり、コンビニ業界では圧倒的な人気です。おにぎり販売を始めてからもうずいぶん長いですよね？　お米へのこだわりも年々強まっている気がします。

赤松（以下赤）：おにぎりの販売は1978年からです。店舗数も増え続けていたときで、原材料調達の都合もあって、お米はずっとブレンド米中心で作っていました。単一銘柄で統一し始めたのは2015年からになります。それを商品名に反映したのはもう少し後で、2018年から「厳選米」として発売を開始しました。

小：仕入れは卸業者からですか？

赤：現地のJA様の圃場を視察して、全国津々浦々、仕入れるお米を選んでいます。

小：現地入りしているんですか！　どういう基準で仕入れるお米は決まるんでしょうか？

赤：食べて美味しいっていうのが一番大事です。お米を分析して、数値化するということもできるんですが、数値＝美味しいかというとそうではありません。そのため、現地の生産者様やJAの方と意見を交換して決めています。当初はJA・銘柄指定だったのが、最近では同じJAでも北の圃場など、どんどん細分化しています。全農様を通して意見交換

をしていますが、かなりレベルの高い話し合いができています。例えば、情報収集をする中で気になったお米の話をすると全農様からどんどん新しい提案をいただきます。

小：全農さんと結構バチバチに意見交換されてるんですね。精米にもこだわりがあると聞きましたが、もしかして自社工場を持っていたり？

赤：いえいえさすがに。ただ、精米機は共同開発して、セブン‐イレブン専用の精米機があります。

小：え⁉ 専用の精米機ですか！

赤：低温低圧で精米できる精米機です。お米の表面を傷つけず、できるだけ熱を加えず、優しく精米できるよう精米時の圧力を分散させて、お米の風味を低下させないよう、こだわって開発しました。導入は2006年からです。

小：精米方法で口当たりはだいぶ変わりますね。私も取引先の寿司店からは優しくついてくれって言われたりします。

時代とともに変わる消費者の舌にどう対応するか

小：セブン‐イレブンさんが目指す「美味しいおにぎり」って何でしょうか？

赤：おにぎり販売が1978年に始まってから、ずっと「家庭で作るおにぎり」を目指して開発を続けています。機械で作るから、コンビニだから美味しくないではなくて、「コンビニで買ったほうが美味しい」と思っていただけるようなおにぎりを作りたいと考えています。

小：高度経済成長期と違って、お米の消費量は減り続けていると思いますが、おにぎりの販売はずっと続けていくんですか？

赤：日本の消費量は減っているかもしれませんが、みんなお米のことは好きですよね？セブン‐イレブンのおにぎり＝美味しいというイメージをお客様と育て続けてきた、一丁目一番地のフラッグシップ商品だと思っています。だから、おにぎりの販売をやめることは考えていません。

小：売上も伸び続けている？

赤：コロナ禍は厳しかったです。でも、「おにぎり」だけの売上を見ると、直近はコロナ前、２０１９年を超えました。コロナ禍で抑えられていた人流が戻った、というだけでは説明がつかない伸び方をしています。

小：じつは、弊社も直近の売上は２０１９年を超えたんですよ。コロナ禍で売上は落ちたんですが、飲食店からの問い合わせは増えたんです。飲食店がコロナで営業できなくなって、みんなメニューを見直してみようとなって。それで、「お米ってなにもしてないな」って気づいてくれたんですかね。売上は下がったけど、お客さんは増える、という不思議な状況になりました。今は人流が戻って、売上にも反映された形です。

赤：2022年には小麦の値段が高騰しましたよね。高い輸入小麦にショックを受けて、国内のお米を「見直す」消費者が増えました。

小：冷静に考えたら、とはいえ小麦の方が安いですけどね。コロナ禍もそうですが、社会の影響を受けて、消費者の関心は変わっていきますね。

赤：変わると思います。コロナ禍は分かりやすく、お客様の価値観や味覚が変わりました。外食・中食ができないから、みんな家で炊飯してごはんを食べる。その炊飯器も高額な炊飯器だったり、土鍋だったり。お米も、各地のお米を取り寄せて食べるようになったり、お客様のお米に求めるレベルが高くなったと思います。いろんなお米を手軽に楽しめるようになって、お客様の「もっと美味しいものを食べたい」という欲求が沸いてきた。そうなったとき、コンビニでおにぎりを買っていただけるか？　あえてコンビニで買うリマインド想起の仕掛けがないといけない。

「京の米老舗 八代目儀兵衛監修 おにぎり」発売裏話

小：2023年3月から、「京の米老舗　八代目儀兵衛監修　おにぎり」の販売が始まりましたね。反響はどうですか？

赤：正直、我々が思っている以上の反響、売れ方をしています。おにぎりは毎年改良していますし、販促もいろいろと手を打っています。でも、お米で「監修」として有名店を招いたのは初めてです。お弁当とか麺類とかは「〇〇監修！」として実施していましたが。

小：儀兵衛さんのコラボは……。

赤：儀兵衛さんは「コラボ」ではありません。コラボだと期間限定での販売が多いのですが、儀兵衛さんとは準備期間が約2年くらいある。もう一段階お米を美味しくするために、儀兵衛さんの目利きを含めて「監修」していただきました。それこそ、コロナ禍で売上が落ち込んで、我々のおにぎりとはどういう立ち位置なんだろうと見直す機会だった。

小：儀兵衛さん監修のおにぎりは、ブレンド米を使っていますね。

赤：儀兵衛さんにはブレンドは足し算でなく、掛け算だと教えていただきました。美味しいものと美味しいものを掛け合わせたら、単一銘柄よりも甘みや粒立ちが出ることもある。単一銘柄を超える美味しさを、ブレンド米なら表現できるかもしれないと思いました。

小：おにぎりのお米のブレンドは、どうやって決めたんですか？

赤：最初のブレンド案が出てきてから、50パターン以上試作し、最適なブレンドを見極めました。テストマーケティングぎりぎりまで試行錯誤を繰り返しました。

小：ちなみに、ブレンドの中身は……？

赤：企業秘密です。

小：ですよね（笑）。私もじつはおにぎり協会[*1]というのに入ってまして、よく「鮭おにぎりに合うお米はなにか」、とか聞かれるんですよ。おかずによってお米のブレンドを変えたりとかもしているんですか？

赤：お米でなく、具材を工夫して開発をしています。例えば、ツナマヨは時間がたつと、マヨネーズがお米に吸われてしまうため、ごはんに染み込みにくいマヨネーズを開発しました。具材の開発は年に一回必ずやっています。ごはんを美味しくして、さらにごはんに負けない具材を作るんです。

小：なるほど！　その発想はなかった。今度おにぎりの問い合わせが来たら「具材を変えたら」と言ってみます。

産地に行くと背筋が伸びる

小：私もよく産地には行くんで、高齢化とか後継ぎの問題とか、お米の値段がどうとか、今後もやっていけるんだろうかとか、先行き不安だということを生産者さんからよく聞きます。私も一緒に頑張らなくちゃなって思いますね。

赤：私も聞きますよ。生産者様の声を聞くと背筋が伸びますね。セブン‐イレブンは国内に2万1千店舗以上あって、それを47都道府県に支えてもらっている状況です。地方の第一次産業が衰退していくということは、原材料が入ってこない、おにぎりが作れない、お店が続けられない……ということで、弊社とも密接にかかわってくると考えています。

小：セブンさんは生産者への還元というのは何か考えていますか？

赤：今回の儀兵衛さん監修のブレンド米おにぎりの取り組みはきっかけになると思っています。「銘柄」はお客様と共通の視点を持てる重要な物差しで、不動の価値観。そこに儀兵衛さんの目利きや精米の知見を加えることで、新しい価値を提供できる。そうすることで、マーケットの価格や積み上げではない価値が生まれるから、生産者にも還元できる。

小：ブレンド米っていうのは、まだまだ新しい価値ですからね。

赤：単一銘柄はそれだけでブランドになるし、銘柄の力は絶大なので頼りたいですが、それだと差別化ができない。

まだまだゴールではない

小：今後の取り組みはどのようなことを考えていますか？

赤：今、おにぎりを儀兵衛さんに監修してもらっていますが、これをお弁当のごはん等に水平展開できないかと考えています。温めないで食べるお弁当に合うごはんとか。レンジアップしたら美味しくなるごはんとか。冷凍食品のお米はどうするとか。

小：そうなってくると、単一銘柄かブレンドか問わず、「解凍しておいしいお米」みたいなものに価値が出てきますね。
赤：加工米飯が増えると保存がききますから、フードロスなどの問題も解決しますね。
小：フードロスといえば、サステナブルの取り組みもしていますよね。おにぎりのパッケージにライスインキ[*2]を使っている。
赤：サステナブルは企業としてもちろん意識しています。おにぎりのパッケージにライスインキをつかった、というのは象徴になりますね。包装のプラスチックもできるだけ薄くしています。販売している数が多いので、薄くするだけ、ライスインキを使うだけで、大きな意味があります。
小：白米はゴミの出ない食べ物ですし、サステナブルな取り組みと親和性が高いですね。
赤：このシール（商品名が記載されているラベル）も貼らないで、プリントにしたらどうかという意見もあります。
小：まだまだゴールではない？
赤：いずれも現段階の答えであって、この先どうなるかっていうのは、その都度判断していかないといけません。お米の評価軸、ブレンド方法、精米に対する技術やノウハウも含め、新しい知見をどんどん取り入れていければと思っています。

＊1　一般社団法人おにぎり協会。和食「おにぎり」（ONIGIRI）を世界にひろめていくことを目的に2014年に設立された。

＊2　「ライスインキ」は、米ぬかから抽出する米ぬか油の非食用部分を原料としており、CO_2の排出量削減など環境負荷の低減が期待できる。原料の米ぬか油は国産の米ぬかを使用しており、地産地消の取り組みにもつながっている。

Profile

赤松稔也（あかまつ・としや）

1977年、兵庫県生まれ。株式会社セブン-イレブン・ジャパン　商品本部　デイリー部　米飯・麺類シニアマーチャンダイザー。2001年入社。店舗経営相談員を経て、おにぎり開発に3年間従事する。2022年により現職。「京の米老舗　八代目儀兵衛監修　おにぎり」をはじめ、様々なおにぎりの開発に携わる。

この対談は2023年5月に行われました。

左から著者、赤松稔也さん

『京の米老舗 八代目儀兵衛』監修のおにぎり。左から「手巻おにぎり炭火焼熟成紅しゃけ」、「昆布だしで炊いただしむすび」

3章

実践編

産地が米を適正価格で売るにはどうすればいいのか?

1章では消費者へのPRの大切さを、2章ではPRする内容として生産者自身の米を分析し「売り」を明らかにする必要性を述べました。

それでは、実際に生産者、産地がどのようにして米を売り込んでいけばよいのかを、私が実際にコンサルティングした経験をもとに述べていきます。

売り先の可能性

個人レベル・産地レベル問わず、既存の売り先だけで成立しているのであればとくに新しい売り先を考える必要はありません。しかし、日本全体の米の消費量が下降の一途をたどっているなかで、既存の売り先だけで将来を語るのはあまりに危険だということは自明の理です。もし可能であれば、一本足打法でなく、複数の売り方を組み合わせるのが持続可能な運営につながります。

もちろん販路や売り方を試行錯誤するのは手間がかかりますし、結果がすぐに表れるほどお米業界は甘い世界ではありません。しかし生産者や産地自らがマーケットに直接アクセスすることにより、まずは自分たちが作っている米という商材の市場価値を肌で感じることができます。それこそが新しい売り先を探すために必要な感覚なのです。それなくして新しい販路拡大は難しいでしょう。

まずは、どのような売り先があるのか、そのメリットとデメリットを考えてみましょう。これらの比較検討により、まずはどういった売り先からターゲットにすればいいのか、考えることができます。

（1）比較的近隣の大都市の米屋（玄米出荷）。産地に近い米屋は農家からの直接取引に慣れているのでアプローチはそれほど手間ではない。ただし実際に取引となると他の生産者・産地との競合になるので値段を下げるか、よほどの特徴がなければ難しい。

メリット

・こちらから持ち込むにせよ、向こうが集荷に来るにせよ、いずれも手間はかからない。
・支払いはその場（もしくは時間をおかずに）で実施されるのでキャッシュフロー的にも安心。

デメリット

・「自分たちの米」としての性格はなくなり「商品」ではなく「農産物としての米」となる（ただし相手によっては「○○さんのお米」として販売も可能。その場合2章のように自分たちの米の売りを相手にPRしなければならない）。

（2）東京の米屋（玄米出荷）。直接電話するか、商談会に参加して接点を持つ。それでも実際に取引となると卸業者との競合になるため、よほどの特徴がなければ難しい。

メリット

・比較的高値で販売することができる。

・「自分たちの米」として販売できる（ただし2章のように自分たちの米の売りを相手にPRしなければならない）。

・東京に出荷している、販売していることが生産者のプライドにつながる。

デメリット

・比較的少量（1俵～5俵）レベルの米を販売するため手間がかかる。

・送料がかかるため、そこも含めて相手との値段交渉が必要。

・運送会社や発送数量により段ボール等、資材代がかかる場合がある。

・発注後、相手に届くまでこちらの責任になる。

・相手によるが、支払いまで1か月以上かかる覚悟は必要。

（3）近隣の道の駅や販売所（玄米または白米出荷）。地元であればアプローチは簡単。

相手も比較的気軽に応じてくれるが、他の生産者との競合になる。

メリット

・玄米のまま業者に卸すよりも利幅が大きい。

・自分で持ち込みができるので運賃がかからない。

・「自分たちの米」として販売できる。
・エンドユーザーとの交流が生まれる。

デメリット

・売り先はエンドユーザーなので、着色粒や被害粒の除去、小米の除去、適切な精米が求められる。またそれに伴う新たな投資が必要。
・クレームが発生した場合、処理しなければならない。ＰＬ保険（生産物賠償責任保険）加入の必要性がある。
・１kgや２kg、５kgなど小分けにする手間と資材代が生じる。

（４）地元のスーパーなど（白米出荷がメイン）。地元なのでアプローチは簡単。ただしすでに付き合っている生産者もいるはずなので、新しく自分と付き合うことが相手にとってどのようなメリットがあるのかきちんと説明する必要がある。

メリット

・玄米のまま業者に卸すよりも利幅が大きい（ただしスーパーのポリシーにより、そこまで大きくならない場合がある）。
・近隣なので運賃がかからない。
・「自分たちの米」として販売できる。

デメリット

・売り先はエンドユーザーなので、着色粒や被害粒の除去、小米の除去、適切な精米が求められる。またそれに伴う新たな投資が必要。

・1kgや2kg、5kgなど小分けにする手間と資材代が生じる。

・相手によるが、支払いまで1か月以上かかる覚悟は必要。

(5) 地元の飲食店や学校、保育園、老人施設など(白米出荷がメイン)。

近場であっても既存の店や施設に入り込むのは至難の業。もしやるのであれば新規オープン、新規開設を狙うこと。

メリット

・玄米のまま業者に卸すよりも利幅が大きい(ただし業務用なのでスーパーに卸す場合と同じ程度になる)。

・大量の米を定期的に販売できる。

・「自分たちの米」として販売できる(相手がそこまで求めない可能性も高い)。

・小分けの手間があるが5kgや10kg程度なので負担は軽い。

デメリット

・売り先はエンドユーザーなので、着色粒や被害粒の除去、小米の除去、適切な精米が求められる。またそれに伴う新たな投資が必要。

・クレームが発生した場合、処理しなければならない。ＰＬ保険の加入の必要性がある。

・相手によるが、支払いまでが1か月以上かかる覚悟は必要。また地元ではなく都市部の飲食店の場合はいざ支払いが遅れたというときに素早い対応が必要。

・相手は民間業者である場合が多いので値段交渉がシビアになる。

・欠品は許されないため年間を通じて確保する必要がある。

・相手の発注忘れ等、イレギュラー対応が多くなる。

(6) ネット通販（玄米または白米出荷）。ＥＣサイトを立ち上げることは簡単だが、売れるようにするには相当な時間と労力が必要になる。

メリット

・玄米のまま業者に卸すよりも利幅が大きい。

・「自分たちの米」として販売できる。

デメリット

・売り先はエンドユーザーなので、着色粒や被害粒の除去、小米の除去、適切な精米が求められる。またそれに伴う新たな投資が必要。

・クレームが発生した場合、処理しなければならない。ＰＬ保険加入の必要性がある。

・1kgや2kg、5kgなど小分けにする手間と資材代が生じる。また資材も見栄えがするためにデザインが必要。
・どのECカートを利用するかによるが、支払いまで1か月以上かかる覚悟は必要。
・集客のために宣伝広告費がかかる場合がある。

(7)百貨店(百貨店に入っている米屋を除く)での販売(玄米または白米出荷)。

都内では時々「スーパーマーケットトレードショー」のような商談会が開催されている。そういったところに積極的に出店することによりバイヤーとの接触を図る。

メリット

・玄米のまま業者に卸すよりも利幅が大きい(ただし相手方との交渉次第)。
・「自分たちの米」として販売できる(販売員へしっかりとPRすること)。
・有名な百貨店であれば、それだけで自身の宣伝になる。

デメリット

・納品形態によるが、小分け精米を置く場合は、新たな投資が必要(精米機、色彩選別機、資材代、PL保険など)。
・異物混入などに非常に厳しいスタンスのため、気を遣う(米屋のようにこちらの事情までは汲んでくれない)。

・売れた分だけの精算か、全量買い取りかにより利幅が変わってくる。
・相手によるが、支払いまで1か月以上かかる覚悟は必要。

(8) 企業相手の播種前契約（玄米出荷）。

酒米を造り酒屋に販売、もち米を米菓会社に販売、田んぼ1枚をすべて一つの米屋に買い取ってもらうなど、播種する前に売り先を決めること。

メリット

・収量にかかわらずすべて買い取ってもらうので、売り残しがない（ただし相手によって一括発送なのか、順次少量ずつ発送なのかで手間と倉庫の問題がある）。
・資金計画がしやすい。

デメリット

・米の価格設定が難しい（面積あたりの値段か1俵あたりの値段か。そもそもの値段は何を基準に決めるのかなど）。
・相手企業の状況に合わせた米を準備する必要がある（酒米なら地元ならではの酒米などを栽培する。もち米であれば例えば加工に向いているもち米を栽培する。米屋であれば中米も含めて販売するなど）。
・相手によるが、支払いまで1か月以上かかる覚悟は必要。

このように、今の売り先でのメリットとデメリット、そしてその解消方法となる別の売り先のメリットとデメリットを洗い出します。そのうえで、今のままで成り立ちそうであれば、無理に変える必要はありません。しかし、何事も「絶対」はありません。「未来永劫」ということもありません。消費動向や売り先の環境変化という不確定要素は厳として存在します。その不確定要素にいかに振り回されないようにするかが大事なポイントです。そう考えるといくつかの売り先を開拓するのは持続可能な経営には必要なことなのです。

売り先を知ろう・関係を作ろう

手間がかからない売り先は単価が低く、単価を高く売ろうとすれば手間や先行投資が必要になります。では、「ここに売りたい!」と売り先を定めたら、相手が何をもってして米を採用してくれるのかを考えてみましょう。

もちろん、まずは2章にあるように自分の米の「売り」を洗い出すことが先決です。そのうえで売り先にアプローチをするのです。

相手はどのような米を欲しているのか。こればかりは体験してみないと分かりません。積極的に実需者や消費者との接触を図ってください。そのためにはイベントの参加や主催、都内で開催される商談会への参加など、自分の足で情報を集めなくてはなりません。最近では各自治体で補助金を出して都内への商談会費用を出す場合もあります。また、新潟県のように県主催のB to Bの商談会を開催する場合もあります。生産者が自分でイベントを開催するのは難しいので、まずは地元のマルシェなどに参加するのが現実的です。

生産者は自分の手持ちの米が限られますので、相手の要望にフルに応えることは難しいと思います。だからこそ余計に多くの実需者や消費者と触れ合うことが大事なのです。そこで自分ができること、できないことの判断がつくのです。その判断ができればおのずと売り先の選別もできてくるのです。

売り先別にどのようにアプローチするべきなのかは前述した通りですが、アプローチの際に大事なのは最終的には生産者の「熱意」です。

よく生産者が「ウチのお米は美味しいから」の一点張りで必死にPRする姿を拝見しますが、今は、日本の米はどれも「美味しい」のは当たり前です。だからこそ2章で述べたように「美味しい」以外で違いを見つけ、それを売り先にPRしなければならないのです。そのPRの際に生産者の熱意は効果的です。相手が一般消費者でも米屋でも同じです。米の特徴について熱意をもって伝えることにより、相手は皆さんに共感を覚えるのです。

共感を覚えるということは、その米や生産者、産地のファンになるということです。そうなれば一般消費者は皆さんの米を手に取る可能性が高くなるのです。米屋などの販売店はお客さんから「何かお勧めありますか?」と尋ねられたときに、思わず熱意をもって説明してくれた生産者の米をお勧めしてしまうのです。米の特徴を分析するのは、生産者や産地にとっては手段であって目的ではありません。目的は相手に自分たちの米を買ってもらうこと(またはエンドユーザーに向けて売ってもらうこと)です。

それを実現するために必要なのが二つ。一つは少しでも大勢の実需者や消費者と触れ合うことによりどういった米が求められて、それに自分が対応できるのかどうか判断できる力を身につけること。そしてもう一つが、米の特徴を熱意をもってPRする姿勢なのです。

気を付けて欲しいのは、生産者はあくまでも「お米ファースト」である姿勢を貫くことです。生産者は米だけを栽培しているわけでもなければ、兼業の場合もあります。それは分かっているのですが、それでも私の熱が一気に冷めたのは、生産者が玄米の出荷が遅れたときに話した理由が「いやすみません、自動車整備の本業が忙しくて」といった、じつはお米ファーストでない姿勢だったと分かったときです。本当のことであってもそれは決して口に出してはいけません。

適正価格を考える

私の講演の際に、生産者からよく出る質問があります。「自分たちのお米をいくらで販売すればいいのか?」というものです。

理屈から言えば「生産費に自分たちの利益を乗せればいい」だけの話なのですが、そこで導き出された値段が市場的に果たして適正かどうかは別問題です。

一般消費者向けであれば他社のECサイトを見ればだいたい想像はできますが、売り先が米屋や百貨店などのB to Bであればなかなか想像もつかないと思います。

日本農産情報のホームページを見れば、これも大体の動きは分かりますが、そこに示された値段はロットがそろっていることが前提ということもあり、やや安い感じです。品種にもよりますが、感覚的にはそれに1俵1000円~2000円くらいは乗せてもいいのでは、と思います。可能であれば知り合いの米屋に聞くのもヒントになります。米屋にはいろいろな卸業者からの販売リストが渡っていますからそれを集めると大体分かります。

「お米が安い」という課題があるのであればまず、次の四つのステップを踏み、自分の米の価格が市場において適切かどうか確認したうえで、価格交渉をしてみましょう。

（1）世の中に流通している様々な米について、分析して数値化をしてみます。

例えば**図1**のような切り口から「○○県産コシヒカリ（慣行栽培）」を評価してみましょう。すると①農薬使用は慣行栽培なので0点、②認証はとくにないので0点、③産地ブランドはあるので2点、④希少性がないので0点、⑤食味ランキングはAなので1点、⑥品種ランクはAなので3点、そして、⑦個人で下す食味審査は3点とします（⑦は2章で述べた米の味についてです。ここは資料を作成する本人の判断によります）。これで合計9点です。次に「宮城県産ひとめぼれ（慣行栽培）」は……、「山形県産つや姫（特別栽培米）」は……と同じように次々と点数を出していくのです。

（2）（1）でポイントを算出した米の、それぞれの価格を調べます（卸業者のリストや業界紙などで判明できる値段）。

（3）（1）を横軸、（2）を縦軸にとり、調べた米をグラフ上でプロットします。そしてそのプロットをもとに近似曲線を描くのです（**図2**）。

（4）最後に自分たちの米の値段が近似曲線上のどのあたりに乗るか確認します。「宮城県産ササニシキ（有機JAS栽培）」であれば、①は3点、②は3点、③は2点、④は3点、⑤は0点（産年により異なる）、⑥は2点、⑦は5点となります。これで合計18点です。これが自分たちの米の「根拠のある」値付けになるのです。

発信・交流の方法

モノを売る、と考えたとき、まずコマーシャル（CM）を流そうと思いつく人は多いでしょう。しかし、米を売るには大々的なCMを打ってもなかなか効果はありません。いえ、CMを流した時は、確かに売れるかもしれませんが、別の米のCMが流れてしまうと消費者

図1　米を評価する切り口の一例

❶農薬使用

内容	ポイント
慣行栽培	0
減農薬	1
無農薬	3

❷認証

内容	ポイント
なし	0
特別栽培	1
JAS有機	3

❸産地ブランド

内容	ポイント
あり	2
なし	0

❹希少性

内容	ポイント
あり	3
なし	0

❺食味ランキング

内容	ポイント
特A	3
A	1
A′	0
B	0
B′	0
−	0

❻品種ランク*

内容	ポイント
A	3
B	2
C	1
D	0

*
A=「コシヒカリ」など全国的に知名度が高い銘柄
B=Aほどではないが、そこそこ知られている銘柄
C=地元の人であれば知っている銘柄
D=いわゆる「雑銘柄」

❼食味審査

(見た目、香り、粘り、硬さ、うま味、甘味、食感、のどごし…の8要素)

内容	ポイント
0〜23	0
24〜25	1
26〜27	2
28〜29	3
30〜33	5
34〜35	7
36〜40	10

図２　導き出した各米のポイントと、実際の卸価格（玄米60kgあたり）

※2014年時のデータを基に作成

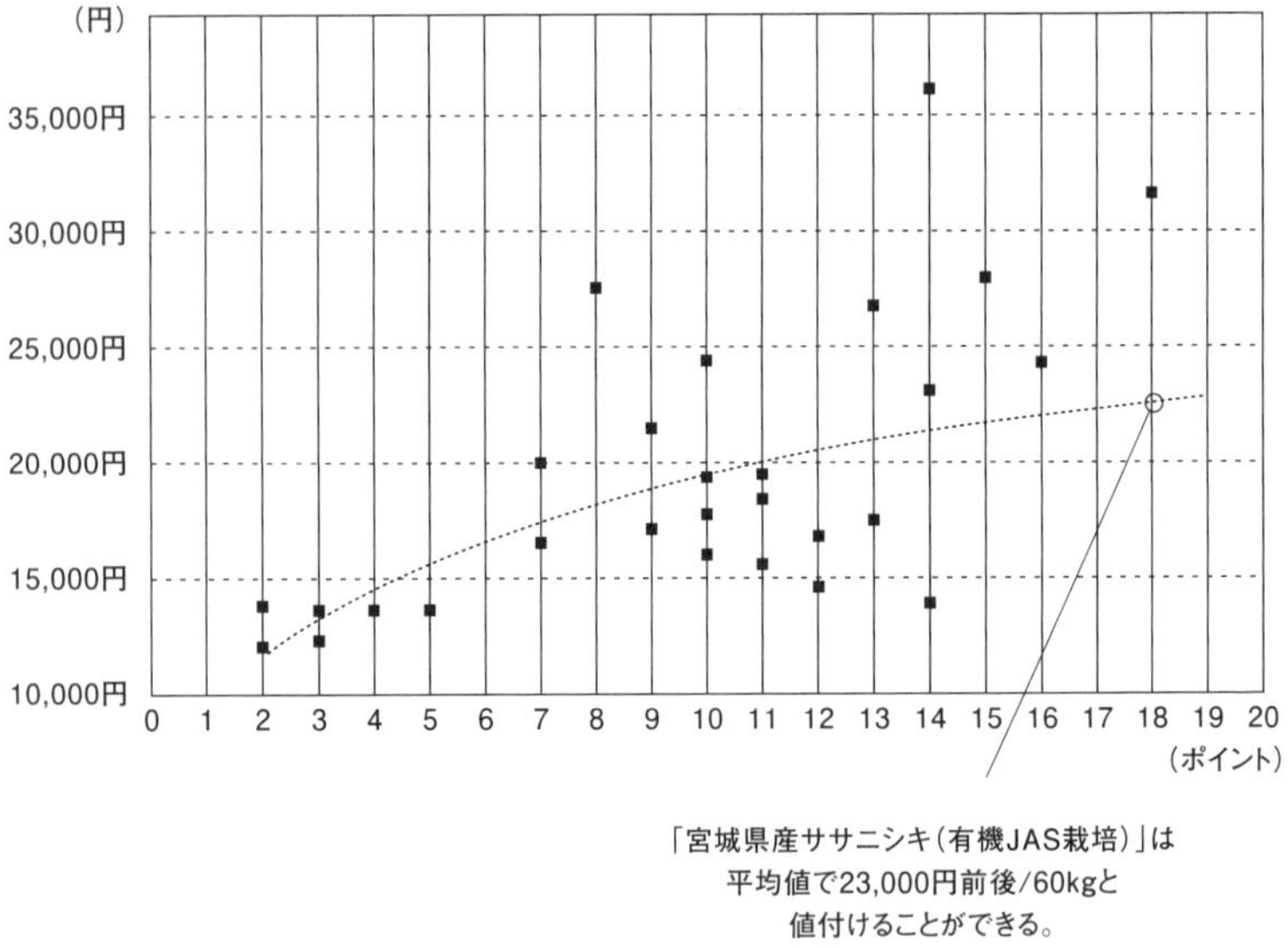

はそっちに飛びつきます。それは普段から米について深く考えていない消費者が多く、米に対してあまり思い入れがないからなのです。

では米にはどのような宣伝が向いているのでしょうか？　私の経験則では「テレビで見た」という方よりも、「小池精米店のファン」である方のほうが長くお付き合いできるようです。お互い顔が見える関係でのお付き合いが米にはマッチしているのです。

そこで私が提案するのは、小規模でいいから産地から生産者が出てきて一般消費者と交流を持てるようなイベントを打ち、そこで産地に感情移入をしてもらいファンになってもらう、という方法です。そこで知り合った人向けに、ＳＮＳ等での情報発信も欠かせません。それを地道に毎年、数回繰り返し実施するのです。このやり方は時間がかかります。しかし時間がかかっても強固なファンを増やすことができます。もちろん発信や交流のためには、自分たちの米の特徴がはっきりと分かることが前提です。

そう、米の販売とはすぐに結果が出ないものなのです。米は農産物なので、単年ですぐに新しい米が出ますから、そうのんびりとはできない気持ちも分かります。しかし短い期間で結果を出そうとしても結局は単発で終わってしまうため、長い目で見た消費には結び付かないのです。そういった意味では米の販売というのは、単年で経済が回っている行政や会社にとっては扱いにくい商材なのかもしれません。ただ、拙速にＣＭや大々的な宣伝を駆使した結果として、今の米の消費減少という事実があることを、代理店をはじめとした業界は知る必要があります。私が米屋を継いだころから痛感していることです。

もちろん「つや姫」や「ゆめぴりか」のように、テレビCMを契機に世間に定着した品種もあります。しかしこの2品種は、先述したように、①今までになかった味、②安定した美味しさ、を兼ね備えているのを忘れてはいけません。CMは米を手に取るきっかけに過ぎず、リピーターが増えて初めて定着につながります。他の米でもCMは流していますが、この2品種ほどまでには定着していないようです。

ブランディングしよう　小池が関わってきた具体的な産地の事例

私はブランディングの専門家ではありませんが、私の理解の範囲では以下のように考えています。

「ブランド」というのは、簡単に言えばある商品を、別の（類似した）商品から区別するための一連の要素です。米で言えば「私が丹念に栽培したお米（商品）と、スーパーで販売しているどこにでもあるようなお米(農産物)を区別するための要素」ということですね。

商品のデザインやシンボルマーク、商標、名称、キャッチフレーズ、記号など、様々な要素が組み合わさってブランドを形作ります。そして、そのような「ブランド」を消費者に認知させ、市場における自社（商品）のポジションを明確化するのが「ブランディング」

という活動なのです。その結果「○○といえばあの商品」という意識を市場に浸透させることができるのです。

米で言えば「間違いなく美味しいお米と言えば私のお米！」となり、これ以上ない「売り」を獲得することができ、リアルな販売につながっていくのです。

こういった米のブランディングを成功させようと、各産地で活動が盛んです。

私は頼まれたり、自分から首を突っ込んだりしながら、産地や米の「ブランディング」にも携わってきました。本章では、私が関わってきた産地の取り組みを紹介したいと思います。

「AiZ'S《アイヅ》-RiCE《ライス》」～トップ米屋に向けて販促して成功した事例～

福島県会津若松市に「AiZ'S-RiCE」というブランド米があります。栽培方法を統一し、市独自のブランド米として立ち上げたのが２０１８年のことです。市としては米価下落状況を何とか打開しようというプロジェクトでしたが、対象となる米はどうやら「会津産コシヒカリ」という、米屋にとっては普通の話のようでした。

この米を何とかして売りたい。アドバイスをお願いできないかと、縁あって会津若松市からお声掛けいただきました。その時点ですでにロゴマークも栽培基準もできていましたので、私ができることは、「いかにして売るか」という点でした。

よく聞くと、この「AiZ'S-RiCE」はただの「コシヒカリ」ではありませんでした。「会津農書」という本に書かれていた農法を踏襲しているのです。これは江戸時代中期（1684年）に幕内（現在の会津若松市神指町）の佐瀬与次右衛門によって書かれた農業指導書で、日本農学史上、不朽の名著と言われ、会津の農業技術を体系化し、会津の農業の礎を築いた農書なのです。会津はご存じの通り造り酒屋が多い地域です。日本酒を造る工程で出てくる酒粕。これを肥料として活用することが記載されているのですが、この農法を現代によみがえらせたのがこの米なのです。

特別栽培米であり、生産者が限定されているなど、消費者にPRしたくなるようなフックがたくさんあるのです。これを「普通の会津のコシヒカリ」と捉えたのでは面白くありません。こういった特別感のある米は対面販売が得意な米屋にお願いするのが一番です。プロの米屋であれば産地から受け取った取扱説明書をそのまま説明するような商売はしません。必ず自分で試食して味を覚え、そしてその栽培における特徴を理解し（普通の米屋であれば栽培についても詳しいので「なるほどそういうことか」と理解することができます）、自分の言葉に置き換えてお客さんに説明することができます。この米の場合は、酒粕を使うことにより微生物が増えて土の中の栄養分が増え、さらに稲が吸収しやすくなるので、稲が健康に育つのです。健康に育つということはその稲が持つポテンシャルを最大限に発揮することができるのです。これがただ単に売り場に並んでいたらせいぜい「何だか知らないけれど赤べこの絵がかわいいな」で終わってしまいます。

そこで米屋中心に販売を展開しようと、まず都内の有力な米屋、お米マイスターのリストを作成しました。さらにそのなかで私がこの米屋であれば興味を持つに違いないという米屋をリストアップし、市役所の職員の方にそれら米屋に直接アプローチをするように伝えました。そのアプローチとは単に資料を送るだけではなく、送る前に電話などで説明し、その後もフォローを入れることまでを含みます。

市の職員は生産者ではないけれども、産地の関係者です。こういった行為が米屋にとって産地を意識する一連の動きになるわけです。2章でも述べた、産地に感情移入するということに直結します。もちろん、米屋ですから美味しくない米を取り扱うわけにはいきません。けれど、感情移入をしていると「ただの美味しいお米」以上の意味が発生しますし、自然とお客さんにも勧めやすいのです。

産地が米屋に対して作成するチラシの製作にも携わりました。当初の案では自分たち産地の立場でしか話をしていなかったのですが、それでは一方的です。売り先や消費者のことを考えていません。自分たちの思いを伝えるとともに、この米の販売が米屋にとっても利益になることを、そしてこの米を米屋と一緒に育てていきたいということも付け加えたのです（図3-1、2）。

図3-1　「AiZ'S-RiCE」チラシ表面

会津産厳選コシヒカリ「AiZ' S-RiCE」（アイヅ　ライス）について
～あいづの厳選米生産推進協議会～

AiZ'S-RiCE
Premium Rice from AIZU
by AIZU Agricultural Book in 1684

○会津産厳選コシヒカリ「AiZ' S-RiCE」とは

会津藩の肝煎、佐瀬与次右衛門によって江戸時代前期の貞享元年（1684年）に書かれた日本最古級の農業技術指導書である「會津農書」。

この「會津農書」には、田畑に酒造りで出た酒粕を肥料として土づくりに用いる農法が記されており、これは江戸時代から「米どころ・酒どころ」であった会津らしい伝統的な農法であります。

会津清酒から生じる酒粕は優れた発酵食品でもあり、それを肥料とすることで、豪雪寒冷期が6ヶ月と会津盆地の長い冬の間に、酒粕に含まれている酵母菌が土中で活動し、土壌を団粒化するとされております。

また、会津盆地は面積が54万haと広大ですが、山岳地帯の森林面積が42万haと大部分を占め、山岳地帯にはブナをはじめ大規模な落葉広葉樹林が水源として機能し、冬季の豪雪からなる雪解け水は水源林の腐食土壌を通して徐々に流出し、多くの湧水・名水を生み出しています。

雪国会津の良質な水と、盆地特有の昼は暑く、夜は涼しくなるという気候は、美味しい米づくりに適しており、会津産コシヒカリは平成元年に「特A」のランクが創設された「食味ランキング」において、30年間中23回、平成25年から6年連続で「特A」を獲得しております。

その会津産コシヒカリの中でも、会津清酒の酒粕を肥料として土づくりに用いる会津らしい伝統的な農法で育て、更に食味値80点以上（81点～90点・平均85.4点）のものだけを厳選した自信作が「AiZ' S-RiCE」です。

【 AiZ' S-RiCEの概要 】

○商品名　：「AiZ' S-RiCE」（アイヅ　ライス）

○「AiZ' S-RiCE」の要件　：
1. 会津産コシヒカリ1等米
2. 食味値80点以上（平均85.4点）
3. 特別栽培ガイドラインに沿った栽培
4. 会津若松市内の酒造会社の酒粕を発酵堆肥化した肥料を土づくりに使用した栽培

○平成30年度生産者及び作付面積：会津若松市内の個人・法人11経営体、約5ha（令和元年は12経営体、約10ha作付）

○参考価格　：5kg「3,500円（税込）」・2kg「1,500円（税込）」・300g「450円（税込）」

【あいづの厳選米生産推進協議会の概要 】

○会　　長：会津若松市長

○副　会　長：会津よつば農業協同組合常務理事

○生　産　者：会津若松市内の個人・法人11経営体（令和元年は12経営体）

○米集出荷業者：会津よつば農業協同組合、（有）三和商会、（有）二瓶商店、ダイヤファーム会津（株）、（株）山城屋、山本商事（株）、（有）猪俣徳一商店、（株）竹内商店

○米　卸　業　者：株式会社東北むらせ

○肥　料　会　社：荒川産業株式会社

○観光・商工団体等：東山温泉観光協会、芦ノ牧温泉観光協会、会津若松旅館ホテル組合、会津若松飲食業組合、会津調理師会　あいづ食の陣実行委員会、伝統会津ソースカツ丼の会、會津アクティベートアソシエーション株式会社

会津若松市内の生産者、米集出荷業者、米卸業者、肥料会社、観光・商工団体などの民間業者と会津若松市で構成しており、「AiZ' S-RiCE」のレギュレーションを毎年決定し、共同でPR・販売しております。

図3-2 チラシ裏面

【 AiZ' S-RiCEに賭ける思い 】

『 お米が元気になれば、会津が(地方が)元気になる！ 』

いまや誰もが知る日本酒の有名ブランド「飛露喜」。このストーリーは、廃業寸前まで追い込まれていた会津坂下町の「廣木酒造」がNHKの番組に取り上げられたところから始まりました。当時は、日本酒といえば「地酒」よりも二級酒と呼ばれる「普通酒」が一般的で、日本酒業界全体が危機に瀕していた時代でした。

その中で蔵を継いだ現当主を取材したTVを見た東京の地酒専門店「小山商店」の店主から「本気でおいしい酒を造りたいなら応援する」と電話がかかってきます。しかし、最初に納品したお酒は「箸にも棒にも掛からない」と言われたそうです。そして、試行錯誤を重ね「この酒は面白い！」と高く評価した「小山商店」の先見により商品化が決まったのが「飛露喜」です。

かつて、地方が元気だった時代は、お米が元気で農家さんが元気な時代でした。私の父も米農家でしたが、米の収穫が終わるとJAの部会や集落の会合等で、年に何回も地元の東山温泉や芦ノ牧温泉に出かけていました。そして、「先進地視察研修」という名目で日本各地を旅し、地方経済を支えておりました。昭和の地方が元気な時代は、間違いなく農家さんが元気でした。

毎年約8万トンも米の消費量が減少していると言われている中で、私たちは「本気でおいしいお米を作りたい！」と思っております。そして、本気で「AiZ' S-RiCE」で会津を元気にしたい！と思っております。

しかし、今までは生産者(産地)側の一方的な思い込みだったのではないでしょうか？私たちは、この「AiZ' S-RiCE」の取組を、日本を地方を農業を元気にする新しいロールモデルにしたいと思っております。

川上(産地)から川下(消費地)までが組織的に一体となって、お米の美味しさや楽しさをPRし、お米の消費量を増加させる取組を実施していきたいと考えております。そのために、特約店の皆様と生産者の皆様が交流するような場を設定し、「AiZ' S-RiCE」を毎年毎年見直し、皆様と一緒に育てていきたいと考えております。

「AiZ' S-RiCE」の特約店は、単純に「AiZ' S-RiCE」を販売するだけのお店ではありません。私たちと一緒に、お米を元気にする方法を考えてください。「AiZ 'S-RiCE」を一緒に育てていただける特約店を募集しています！

高額な米（仕入れ値で60kg2万円ほど）ですから、都内の米屋がいっぺんに10俵も20俵も購入することはありません。この辺りが通常の商流とは異なります。つまり30kgを一つ一つ発送する段取りが必要です。そうなると送料分の値段が跳ね上がります。そこでその送料の半分を市が持つことにしました。

さらに米を売るための小分けの袋は、5kg袋と2kg袋がありますが、これも市で持つことにしたのです。そのような後方支援を充実させます。またチラシも産地情報だけでなく、飲食店からの評価も入れることにより、米屋以外の客観的な評価もお客さんに伝えることができるようになりました。

広告の打ち方も考えました。やみくもに広告を打つのではなく、高い米でも関心があれば購入する読者層がいる媒体、例えば「dancyu」といったやや硬派な食系の雑誌、また自然系、ロハス系、大人の女性向けの雑誌に取材をお願いしました。もちろん要望があれば私もお米マイスターとして積極的に取材を受けるようにしました。誌面を通じて「AiZ'S-RiCE」のよさを私の言葉で伝えたのです。

もちろん失敗もありました。例えば「AiZ'S-RiCE」を使った、パックごはんの製造です。パックごはんというのはあくまでもパックごはんであり、米のポテンシャルを引き出せる調理法ではありません。これは自らの首を絞めるような行為であると伝えました。幸いにして販促品だけの製造で終わったのでよかったのですが。

また、代理店から食材卸を通じて、飲食店に無料で「AiZ'S-RiCE」を配ってしまったこともありました。飲食店は大勢の消費者とつながっているので広告としては有効な手段ではあります。一方で無料で配るとなると飲食店側も今一つ真剣さがありません。また米屋を通さないと、知らずして米屋から、一瞬とはいえお客さんを奪うことになるのです。「AiZ'S-RiCE」は米屋を敵にしたのでは成り立ちません。米屋を敵にしたら今後、誰に販売をお願いすればよいのでしょうか。米の価値を正しく伝えつつきちんと販売してくれるのは米屋か百貨店くらいなものです。これも一時だけでしたのでよかったのですが、代理店に任せると自らお米の価値を下げるようなことを深く考えずにおこなうことがあるので看過できません。

これとは別の流れで私は「AiZ'S-RiCE」の生産者に向けて講演しました。目的は都内でどういった米が販売されていて、自分たちが栽培している米はどのような立場で売られる可能性があるのかを伝えたかったからです。

もう一つの目的は、生産者にこの取り組みを、我が事として捉えてほしかったこともあります。「市が勝手にやっていること」では今後、この取り組みはおぼつきません。生産者自ら参加する姿勢を醸成したかったのです。そして今後は、コロナで中断していた米屋による産地見学、そして交流会を行う予定です。この米は作って終わり、販売して終わりではありません。その結果を作る側、売る側がお互い持ち寄り、そして来年以降に向けて改善することが大事です。

石垣島の新米　～産地の特性を引き出して成功した事例～

沖縄県の石垣島は、じつは稲作が盛んな地域です。そして日本で最も早い新米が収穫されることでも知られています。

縁あって、都内の米屋に石垣島の新米を流通させたいという生産者、山田義哲さんと出会いました。当時の石垣島の新米は、「日本で最も早く食べられる新米」であることを売りにしており、逆をいうとそれ以上のことは求められていませんでした。それは味としてそこまで美味しいレベルではない、というのが大きかったのです。また、沖縄、それも石垣島というのは、米屋にとっても消費者にとっても、生産者の顔が見えにくい産地でもありました。とくに対面販売が売りの米屋において、情報の少ない石垣島の米は売りやすいとはいえない商品でした。

しかし、都内へ直接卸したいという生産者、山田さんに出会ったことで、私は産地の様子を把握することができました。これにより、私（米屋）が消費者に話すことのできるネタは圧倒的に増えたのです。

さらに、販売のみに飽き足らず、山田さんと一緒に、米に今まで以上の価値を見出そうというプロジェクトを始動させました。

まず、お客さんに提案する選択肢を増やすために特別栽培米の出荷を行うこと。品種については あまり珍しくない「ひとめぼれ」ではなく、沖縄独自の品種を栽培すること。出荷時期については何はともあれ今よりも早く出すこと。この三つの目標を達成すれば、石垣島の米は他の産地と比べて圧倒的な優位性を保つと助言しました。

まず特別栽培米ですが、ご存じの通り、南に行けば行くほど農薬の使用量は増えます。沖縄と言えば亜熱帯地方、雑草や稲に悪さをする虫、鳥や小動物が圧倒的に活動的です。農薬の使用量を減らしつつそれらを抑えるというのは口で言うほど簡単ではありません。しかし山田さんはこの難しいチャレンジに取り組んでくれました。こういった米を、都内の米屋は欲しがります。そのことをきちんと理解してそれにチャレンジしてくれたのです。

じつは山田さんは那覇市で米屋も営んでいる米屋仲間だった、というのも話が早い理由ではありましたが、私たちの相互的かつ積極的な話し合いを通じて、都内の米屋のニーズを理解してくれたのです。

品種についてもそうです。確かに「ひとめぼれ」は有名ですが、しかし沖縄でなくとも購入できます。しかも他の産地と比較すればどうしても味では負けてしまいます。そこで必要なのがその県独自の品種です。幸いにして沖縄には生産量が少ないものの「ちゅらひかり」「ミルキーサマー」というオリジナル品種（正確に言うと農研機構が開発した品種ですが）があります。この独特な名前の品種を栽培してもらいました。沖縄でなくとも複数品種を栽培するのは農家にとって大きな負担です。しかし、山田さんはそれもやり遂げてくれたのです。お陰様で普通の米屋であれば石垣島からは卸業者経由の「ひとめぼれ」しか手に入らないところ、弊社は合計で三つの品種を取り扱うことができ、米も、その米を扱う米屋も、希少性が高まりました。

そして出荷時期です。これこそ、生産者の負担が最も大きいところです。普通であればお米がすべてそろって1回の船で東京に送ったほうが断然楽です。しかしそれでは、すでにある石垣島のお米と変わりません。そこで1週間でも10日でもとにかく早く都内に発送するようにお願いしました。これは毎年の収穫のタイミング、船の出航のタイミング、台風のタイミング、農業機械の調子等、不確定要素が多々あり、まだまだ圧倒的に早く都内に届くまでにはいたっていません。しかしこれを克服すべく、２０２３年からは田植え自体を10日ほど早くおこなっています。

さらに、まだまだ新品種も試しています。これは内地で早場米としてすでにある米を試しに石垣島で植えてみようというものです。そこで味や収穫時期等も変わってきますので、これがどのように作用するのか楽しみです。

こういった取り組みが功を奏してか、当初の出荷量から比べると4年で倍近くの取り扱いになりました。私の店だけでなく、他の米屋もどんどん関心を寄せるようになっているのです。

星空舞　～産地のチャレンジ精神が売り手に伝わった事例～

２０１９年の秋、都内のＪＡビルのイベントスペースで毎年行っている、米の食べ比べイベントで「星空舞」に出合いました。「星空舞」とは鳥取県農業試験場が20年以上かけて育成した新品種で、県を挙げて推進している米です。

私の役割は、「星空舞」を含む三つの米の品種の味の違いを会場のお客さんに伝え、関心を持ってもらうことです。そのとき初めて「星空舞」を食べたのですが、粒が大きく、味は優しく、しっかりと甘みを感じることのできる米で明らかに「コシヒカリ」とは異なっていたのです。そのイベントで私はこの米の味を以下のように表現しました。

「香りはやや独特で、少し鼻腔を刺激する感じがします。見た目は粒ぞろいがよく、まるで星のようにきらめいています。噛むとしっかりとした硬さを感じることができ、小粒でありながらコシを感じることができます。粘りはそれほどなく、あっさりと歯離れがします。舌の上で感じるのは『分かりやすいうま味』で、かつそれほどしつこくありません。噛み続けてあとから感じることができる甘みは、さっぱりとして口の中を流れていきます。おねばはそれほど感じず、粒が口内にまとわりつくことなくさっと流れてしまいます。ただ粒の存在感は飲み込む段になっても十分に感じることができ、のどを通り過ぎる際に内壁でも十分に分かります」

この表現は県の方の耳に入り、セールストークとして存分に活用されたそうです。「星空舞」はその味もさることながら、私は鳥取県のチャレンジ精神に惹かれました。それは県内では「コシヒカリ」の生産量が多く、また「コシヒカリ」を栽培していれば知名度によって高く売れるにもかかわらず、「星空舞」にシフトチェンジしたことです。

理由として、毎年の異常気象の影響で、県内の「コシヒカリ」の品質が毎年あまりよくなかった、ということが挙げられます。暑さに強く、味がよい「星空舞」はその「コシヒカリ不振」の救世主となりました。「コシヒカリ」が暑さに弱く、温暖化の影響で年々頭を悩ませている産地はいくつもありますが、大胆な路線変更をする産地はまだ少ない状況です。その中で（誤解を恐れずに言うと）「コシヒカリ」を捨てるという選択肢を取った鳥取県の姿勢に共感したのです。

鳥取県はもともと都内とはあまり縁がありません。そこでまず東京都の米屋が毎年開催している商談会に、JA全農とっとりを招きました。まずは都内の米屋に「星空舞」の存在自体を知ってもらおうということですね。

その後、さらに一般消費者に知ってもらうために、飲食店での取り扱いを提案しました。その延長線でそのお店での「星空舞」の取り扱いをしてもらおうという狙いもありました。

とはいえ鳥取県と縁もゆかりもないお店にいきなり「星空舞」を購入してくださいと言っても、思い入れがなければ「無料だったらいいよ」となり、結局お店にとっては「無料でお米が手に入ってラッキー」で終わってしまいかねません。

そこで弊社がお付き合いしている近所の飲食店に対して私から具体的にお願いをしました。もともと鳥取県からの依頼文はあったのですが、これだけではあまりに杓子定規だったため、私も別途お願いの文章を作成し、お店に「星空舞」を期間限定で扱ってもらうことにしたのです。こういったイベントはよくありますが、たいていは代理店がらみで、しかも「無料」というのがほとんどです。「無料」にしてしまえばお店にとっては真剣みが出てきません。そこで弊社では少しばかりでもいいからと、お金を頂戴したのです。

飲食店での提供は非常に有益な手段です。それは字面や絵面だけではなく消費者がしっかりと食べることができるからです。食べてもらえば「星空舞」を知ってもらえます。まずはそこから始めることです。

こういったイベントは1回や2回だけではとても効果は出てきません。これだけいろいろな品種の米が集まる東京で全くの新顔を、しかも適正価格で販売したいのであれば消費者にそれなりの感情移入がなければ買いません。

今後はこういったイベントを複数回おこなうとともに、消費者がその後のアクションでどこでも「星空舞」を買うことができるように、都内の米屋等に置くことが考えられます。

そのためには産地の人が都内の米屋を一軒一軒回るくらいでないといけないのです。

結局、米は簡単に売れるものではない。まずは実践あるのみ

「お米を売るにはどうしたらよいか？」これは東大生でも悩む課題です。以前、東京大学の学生が地域振興のお手伝いをしていた流れで、その地域の米を販売することになった際に相談されたことがあります。彼ら自身のアイディアとしては、学園祭で「赤門米」として売るとか、知り合いのホテルに買い取ってもらうとか、そんなレベルの話しか出ませんでした。それくらい米を扱うのは至難の業なのです。ある販売コンサルタントが米だけには手を出すな、と話していたのを聞いたことがあります。

私もこの章ではもっともらしいことを記載していますが、これといった正解があるわけでもありません。ただ、今までの経験則で言えるアドバイスは次の三つです。

一つは、産地は消費者目線に立って米の販売を考えなければならない、ということです。いや、立ってというよりも消費者目線まで降りてきて、というほうが正しいかもしれません。もし真剣にやるのであれば生産者、産地の皆さんには、いったん玄米売りを止めることをお勧めします。消費者が購入するのは基本的に白米です。白米を売ることで、白米で販売するためにはどういった形に仕上げればいいのか、どういった設備投資が必要なの

かが見えてきます。それにより最終的にはどういった米を、どのような方法で、誰に対してどれくらい販売するのかが見えてくるでしょう。

先述した弊社のECサイトにある「生産者さんへのメッセージコーナー」で、消費者から問い合わせがあって生産者に振っても、返信がこない場合があります。間に入った人いわく「生産者はこういうの不得意だから」。不得意で済まされるほど現状は甘くないということを、ぜひとも認識してほしいです。

二つめは、マーケットをよく知ること、です。どういった米が売れているのか？　とよく質問されますが、今は米の販売は米の味だけで決まるほど単純ではありません。否、米の味だけでは消費者は判断がつかないのです。

弊社はブレンド米も含めて80種類以上の米を扱っています。「コシヒカリ」や「つや姫」や「ゆめぴりか」といった有名どころだけではありません。最近のトレンドの多収穫米の「つきあかり」や「萌えみのり」、特徴的な味で場面によって使い分けができる「銀河のしずく」や「里山のつぶ」、そして仕入れ数は少ないものの宮城県の「かぐや姫」、山形県の「亀の尾」、岡山県の「朝日」、熊本県の「穂増」など……。

いずれも消費者や実需者と話してたどり着いた米ばかりで、現場のニーズを反映した結果です。多様化したニーズに応えるために、種類が増えていったのです。玄米や分搗き米もそうです。以前生産者が「消費者は玄米なんてよく食べるよなぁ」とつぶやくのを聞いたことがありますが、マーケットを知ることでそのような感覚のズレがなくなるのです。

そして三つめが、健全な危機意識を持つこと。いたずらに危機感をあおるわけではありませんが、年間でここまで消費量が落ち込んでいる米は、好き好んで参入するようなマーケットではありません。現状で十分に成り立っているのであれば、わざわざ栽培する品種や、品種の数、売り先やその先の消費者まで変更する必要はないのかもしれません。しかし繰り返しになりますが、米の消費量は減っているのです。栽培しただけでは消費されないのです。今までの売り先が成り立たなくなることも十分に考えられるのです。そこから目をそらさずに、では何をすればいいのかをまず考えていただければ……と願うのです。

とはいえ現状を変更するのは、生産者にとってハードルが高いのも分かります。先日訪問した九州のある地域でそのことを痛感しました。生産者は「東京からお米屋さん？ ウチのお米を高く買ってくれるのか？」という反応でしたが、味のレベルからすると残念ながら物足りないものがありました。弊社としてはそれでも色彩選別機などできちんと調整すればもう少し味も改善されるかもしれないと思ったのですが、新規で投資となるとそれなりの売り上げが見込めないことには難しい、ということでした。現状で満足しているのであればわざわざお金をかけてまで売り先を広げることは難しいのでしょう。しかし私からすれば生産者は自分たちの可能性を自ら潰しているように見えるのです。

私は、商売をするうえで他の米屋を商売敵とは思っていません。生産者が直接、米を持って都内に売りに来たほうがよっぽど脅威です。生産者は米屋にはない産地直送という素敵な言葉とイメージを使うことができるからです。

実際、弊社の近くの国連大学で開催されるマルシェに知り合いの生産者が店を出し、一般消費者をつかんでいます。また、近くにあった新潟県の物産館では米を買う人が多く、そこも弊社にとっては競合でした。「産地直送」という言葉はいまだに都会の人に響きます。飲食店での競合がじつは生産者だったというのはよくある話です。値段の面も含めて、米屋が劣勢に立たされる場面が多いのです。

もしフットワークが軽く、いろいろな荷姿を実現でき、あちこちのマルシェや展示会に出店し、お客さんの要望を十二分に汲んで対応し、SNSやイベント等を通じて積極的にお客さんと交流を図る生産者がいたら、間違いなく米屋からお客を奪っていくでしょう。それくらい産地直送という言葉は強いのです。その強みを生かし、そのうえで自分たちの米の特徴を洗い出し、消費者に多方面でアプローチする。ぜひやってみてください。きっと皆さんが知らなかった米の底力を実感することができるでしょう。

コラム

糖質制限を跋扈《ばっこ》させたのは誰だ？

糖質制限ダイエットは2012年〜2013年頃に注目され始めました。その後メディアがこぞって取り上げた結果、認知度は拡大し、その後一大ブームを巻き起こしました。最近になってようやく、糖質を過剰に抑えることで集中力がなくなる、痩せにくい体質になる、リバウンドしやすい、などデメリットも周知されるようになってきました。

しかし、数か月で数キロ体重が落ちるという点が魅力的なのか、糖質制限ダイエットへの挑戦者は後を絶たず、とあるアンケート結果によると、過去に糖質制限ダイエットを経験した人の割合は6割を超えるそうです。

糖質制限ブームは、私たちお米業界の人間にとって、大変迷惑なことでした。もちろん米を食べなければ痩せる、と提唱した方々にも言い分があるとは思いますが……。

しかし、この糖質制限ブームの責任の一端は、私を含むお米業界にもあります。

申し上げるまでもなく、米は私たち日本人の命を支えてきた、非常に重要な食糧です。

そして、私たち日本人は米にどのような栄養素があるのか、そういった知識がなくとも自然と米を「主食」として選んできました。

しかし、米をお腹一杯に食べることが難しかった時代とは違い、現代において米は数ある食品のうちの一つという位置づけです。

そうなると、「なぜお米を食べるのか」といった理由の一つとして「栄養素」という切り口から他の食品と比較検討する余地が生まれてくるわけです。

つまり、米の栄養について考えずに食べてきたところに、「お米は太る」という価値観をぶつけられ、一気に「糖質制限」に傾いてしまったのです。逆を言うと、米の栄養について、正しい知識を持っていれば、むやみやたらに「太る食べ物」という認識にはならなかったはずです。

米には実に様々な栄養素が含まれています。米の約77％はでんぷんなどの炭水化物でできています。次に多いのはたんぱく質で約６％です（この値が小さいほうが、米の食味はいいとされています）。米はその他、脂質、ミネラル、ビタミンなどを含んでいます。一般消費者が思っている以上に様々な栄養素が含まれています。

とくに炭水化物は体内でブドウ糖に分解されエネルギー源として利用されます。脳の唯一のエネルギー源はブドウ糖なので、ごはんをしっかり食べることは、頭を目覚めさせることにつながります。

また、意外と知られていませんが、米には「食物繊維」も含まれています。しかもそのほとんどが不溶性のもの、つまり水に溶けにくい種類のものなので、しっかりとした「お

含まれています。白米・玄米問わず含まれていますが、玄米に豊富に含まれています。

と、このような説明を、私たちお米業界はあまりしてきませんでした。

ダイエットブームは寄せては返す波のごとし、あらゆる手段が流行ってはすたれてきました。つまり、痩せたければ方法論はいろいろあるわけで、そのなかで糖質制限を選ばせてしまったのは、米を知ってもらうことを怠ってきたお米業界のせいでもあるわけです。「痩せるためにお米を抜かせばいいんじゃね」ではなく、いかに「そんなことは考えられない！」に導くかが大切なのです。

最近、弊社が立地する原宿では「白米をがっつり食べるお店」が2店舗オープンしました。そして週末になるとパンケーキ屋に負けないくらい行列ができるのです。それらのお店のメインはハンバーグなのですが、その相方として「お米」が選ばれているのです。両店舗とも弊社の取引先なのですが、週末の米の発注量から、今までの取引先とは明らかに米の消費量が違うことが分かります。

原宿以外にある弊社の取引先でもそのような飲食店が増えています。いずれも都内で「牛タン」「鶏肉」「ステーキ」「とんかつ」をメインに、いずれもその相方が「お米」なのです。弊社の取引先ではありませんが、原宿の隣町、渋谷には鰹節と生卵で白米を食べさせるお店が有名です。最近マグロ丼の店ができたのですが、すでに大行列です。

これらのお店の特徴の一つに「お客の年齢層が若い」ことが挙げられます。もちろんそれぞれのお店が若者をターゲットにＳＮＳをフル活用している結果ともいえますが、それでも「糖質制限」なんて言葉はどこへやら、といった状況です。

白米を売りにしているだけあって、各店舗、ガス釜や羽釜で炊飯しています。そして使う米も吟味しています。そして異口同音に「多少高くてもいいからよい米を持ってきてくれ」と言うのです。

こういった状況を目の当たりにすると、消費減退に苦しんでいるお米業界の人間としては非常に勇気づけられます。目玉となる食材あっての話ではありますが、それでも「美味しいお米」がなくてはその料理は成り立ちません。

ある野菜農家さんが言っていました。「食べたくて食べたくてどうしようもない……そんな野菜を作りたい。例えば砂糖たっぷりのパンケーキを、罪悪感を抱えながらも食べてしまうような、そんな野菜を作りたい」と。私も常日頃から「お米は、頭で考えるのではなく感情に動かされて手を伸ばすのが理想である」と話していますが、まさにその通りのことが都心では起こっているのです。

米の消費減少傾向は止まる気配がありません。しかし私がそういったマクロ的な傾向を見ても絶望しないのは、私の周りでは若い人を中心に米がこのように動いているからです。

今は一部の動きかもしれませんが、都心で起きているこの潮流は、長い目で見たときに大きなうねりの始まりになっているかもしれません。
そう、「山」は間違いなく動いているのです。

4章

事例集 引く手あまたの品種・産地・生産者の特徴

小池精米店は多種多様な仕入れ先を活用して80種類以上の米を購入しています。

弊社もかつては、都内の米屋のほとんどがそうであったように、二つか三つの卸業者からしか米は仕入れていませんでした。父の代では卸業者が持ってきたリストを眺めて、これとこれをください、というたって簡単な発注方法でした。それが私の代になって取引先が増えに増え、今では卸業者も含めて50近くあります。

地域差もありますが、都内では卸業者だけを活用するような米屋は減ってきました。弊社ほど極端なことはありませんが、それでも以前に比べると明らかに仕入れ先が増えてきた米屋が多くなってきたのです。それはつまり、産地や生産者と直接付き合う米屋も増えてきた、ということです。

では、弊社も含めた米屋はいったいどのような視点でお付き合いする産地・生産者を選ぶのでしょうか？

大きく分けて次の四つの視点があります。

一つには「品種や産地」の視点です。興味のある品種や産地には、米屋から積極的にアプローチするケースがあります。例えば都道府県レベルや、全国的に有名な品種である場合には、卸業者を介してお付き合いが始まるケースが多いです。ただ、マニアックな品種（例：岡山県産「雄町」、山形県産「亀の尾」）や、地域レベルの産地（例：兵庫県但馬、宮崎県高千穂）などは卸業者が扱っていないケースがあり、その場合は商談会やネットを駆使して、米屋から生産者、または現地の集荷業者等に直接アプローチをします。

二つ目は「取引上の利便性」の視点です。取引における発注や輸送面をストレスなくオペレーションできるのは、お付き合いにおける大きな動機になります。米屋が卸業者を活用するのは、この利点が大きいことにあります。生産者がこの視点で米屋にいかに寄り添うことができるのか、というのはある意味、生産者同士の差別化にもなります。

三つ目は「米の品質」の視点です。米は農産物であるといっても、ある程度の品質の安定が求められます。もちろん毎年同じ品質というのはあり得ない話ですが、それでも毎年安定して高品質な米を出してくれる、というのは非常に大きな優位性になります。また生産者グループ内で、栽培における実力差が開きすぎていて、品質がバラバラである、というのはよく聞くケースです。複数人数で構成しているグループの、少なくとも同じ産年で同じ品種あれば、どの米であっても品質のレベルはそろえてほしいものです。

そして四つ目は「生産者や産地への共感」の視点です。これは前述した「感情移入」と言い換えてもいいでしょう。米を介しているとはいえ、人と人とのやり取りですから、感情は必ず入ります。生産者や産地の取り組みや熱意に、私たち米屋が共感できるかどうか、というのは重要なトピックです。そのためには生産者からの情報発信、そして米屋をはじめとした買い手にアプローチする必要があるのです。

これら四つの視点が絡み合っていろいろな産地・生産者の選定につながるのです。では具体的に小池精米店はどのような産地・生産者と、どのような視点でお付き合いをしているのか、一般的な事例も含めて以下解説していきます。

特徴的で説明しやすい（プレゼンしやすい）産地及び品種

都内の米屋と言えば昔は北陸、東北、関東の三つを押さえていれば商売としては成り立っていました。ところが、各産地が様々な米をリリースしたことでラインナップが増え、さらに各産地が米の宣伝をするようになったことで消費者からの問い合わせが増えてきました。ニーズに対応するため、必然的に仕入れ先の範囲が広がっています。

では、数多くの産地や品種の中から、どのような米が選ばれるようになってきたのでしょうか？　小池精米店の取引先を中心にいくつかの事例を紹介します。

①知名度が抜群な米

売る側からの説明のしやすさ、消費者の反応のよさという点で、知名度の高い産地や品種、例えば「新潟県魚沼産」や「コシヒカリ」といったブランド米は、米屋にとって売りやすいものです。「コシヒカリ」という品種名は有無を言わさぬブランド力を持っていま す。もしそれに匹敵するくらいのブランド米を作るのであれば、並々ならぬ努力が必要です。何といっても産地、それも県庁や全農レベルの推進力と、十年単位で宣伝を続ける継続力・忍耐力が不可欠になります。

それを成し遂げたのが北海道米といえるでしょう。弊社では北海道米の取扱量がここ数年だけでも格段に増えています。その多くが、お客さんからの問い合わせに応えていった結果です。

「ななつぼし」（2001年デビュー）や「ゆめぴりか」（2009年デビュー）は、ホクレンを中心としたテレビCMやイベント、キャンペーン等、一所懸命な宣伝活動の効果もあり、ここ10年の知名度が抜群に上がりました。

宣伝によってお客さんからの問い合わせが発生します。そして、味のレベルが十分に高いことから、一度限りで終わらず、米屋も積極的・継続的に仕入れます。お客さんからの問い合わせがある→米屋が販売する→美味しいからお客さんがリピーターになる→気をよくした米屋がさらに北海道米を仕入れる……という好循環が生まれるのです。

北海道は東京から距離があり、都内の米屋としては、一回の仕入れ量を多くしないとコストが高くなるため、気軽に仕入れができる産地ではありません。それでも、都内の米屋は卸業者を活用しながら仕入れています。そこまでして仕入れるほどに、今の北海道米は知名度があり、その人気を維持できるだけの味を持つ、とても売りやすい米なのです。

②味のレベルが高く、値段はそこそこな業務用米

飲食店からは「美味しいお米が欲しい。けれど、高めの『ブランド米』を購入するほど経費に余裕がない」という、相反する要望をいただくことが多々あります。何ならもっと直截に「安くて美味い米が欲しい」という図々しい話が飛び出ることもあります。

飲食店等に卸す業務用米（弊社では「プロ向け本気米」と呼んでいます）というのは取扱量が多いため、量を確保するのも一苦労です。そのため、米屋・生産者ともども「業務用米」というと「量」に意識が向き、一般的に「味」はともあれ……になりがちです。

そのため、「安くて美味しい業務用米」という要望は図々しくも、飲食店の立場にしてみれば理想の米になるわけです。味のレベルが高いけれど値段はそこそこ、という米は、飲食店に提案しやすいので米屋は探します。そして弊社はたまたま青森県産「まっしぐら」という米に出会うことができました。

ブランド米より価格が安いだけでなく、味が申し分ない、ということが大きな特徴です。「まっしぐら」は、弊社の取引先である和食店、洋食店問わず高評価です。味は若干硬めで、噛みしめるときちんと米のうま味が出ます。そして粒が立っているので、油がよくまぶさって、肉料理との相性もよいのです。非常にコスパのよい米として今後も存在感が増すことが予想されます。

もちろん安さには程度があります。いくら美味しくとも「あまりに安い」、白米レベル

でキロ200円台などになると、弊社も生産者の生活も成り立ちません。過剰に低価格にすることによる差別化、というのは長い目で見ると業界全体の首をしめることになる、ということは念のためお伝えしておきます。

③安定して高品質なのでお勧めしやすい米

米の味は淡泊で違いが分かりにくい、と言われながらも、もちろん味の好みは存在します。そのため、お客さんから「お勧めのお米はありますか？」と尋ねられれば、私はまずはその方の好みの味を探るべくヒアリングを試みます。しかし「この米であれば、気に入ってもらえるかな？」と思って勧めた結果、案外お客さんにはハマらない、ということもあります。五ツ星お米マイスターの技量をもってしても、消費者の希望に沿った提案をすることは難しいのです。これは相手が一般消費者であっても飲食店であっても同じです。

そのため、おすすめして「他のお米はないの？」という反応が返ってこない米、「間違いのない米」というのは、汎用性が高く重宝します。その代表が「山形県産つや姫」です。これほどまでに品質が安定し、万人受けする米、裾野の広い米を、私は他に知りません。しかもそれなりに高値で販売することができるので、生産者にとっても米屋にとっても、本当にありがたい米です。「山形県産つや姫」の品質管理については2章で触れた通りですが、やはり県内という限られた範囲で栽培している、というのが大きいのでしょう。「コシヒカリ」のように産地が全国にちらばって、あまりにプレーヤーが多い品種については

「品質管理」はできようもありません。もちろん産地や生産組合、個人レベルでは品質を保全するために様々なことをしていますし、実際にその単位ではばらつきはほとんどないでしょう。しかし、一般消費者にしてみれば「コシヒカリ」と名乗っている以上、他産地の「コシヒカリ」との比較になり、それが味のばらつきに繋がっているのです。

もちろん「山形県産つや姫」も細かい話をすれば味のばらつきもあるにはあるのですがその差異は小さく、消費者や飲食店では分からないレベルです。と、やや持ち上げすぎの感もありますが、卸値もひっくり返るほど高いわけでもない「山形県産つや姫」。毎年米屋の間でもその味について話題になるほど高い支持を得ているのです。

④ブレンド米にも幅広く使えるブランド米

ブレンド米を作る際、最終的にどのような味を実現させたいかによって、原料に使う品種は当然異なります。昔のブレンド米の目的は「価格を下げること」なので、ブレンド米にブランド米を使うことはほぼありませんでした。あったとしても米の価値を理解している寿司店のような、米の単価を下げることを目的としていない一部の飲食店に向けて作るときくらいです。

その当時と比べると、いまはブレンド米にブランド米を使うのはごく普通のことになっています。それは先述の寿司店のように「お米の単価を上げてもかまわないから、ウチの料理に合うお米を作ってくれ」という米の価値が分かる飲食店が増えてきた、という背景があるからです。そのため、小池精米店では臆せずブランド米をブレンドしています。「コシヒカリ」をはじめ、「つや姫」「さがびより」「ひとめぼれ」などそうそうたる面々です。もちろんブランド米を使えばブレンド米が必ず美味しくなる、というわけではありません。要するに「目指すべき味を実現するために、結果としてブランド米を使うことになった」ということですが、ブレンドの原材料としても非常の使い勝手のよい米というのがあります。弊社では岩手県の「銀河のしずく」がそれにあたります。

生産者や同業者からすれば『銀河のしずく』をブレンド米に!?　もったいない!」と驚かれると思います。もちろん「銀河のしずく」は最近流行り外硬内軟の米で、単一銘柄としても売れています。しかし、「銀河のしずく」は他の米とブレンドした時にパリッとした食感の下支えになる、貴重な縁の下の力持ちになる米なのです。食感だけではなくうま味もきっちりとあるので、ブレンド米全体のバランスも損ないません。この米を使うことで、ブレンド米の味がレベルアップするのです。「銀河のしずく」を使ったブレンド米は、単一銘柄として販売する場合よりも高く値付けをするケースもあるのです。

こういった「懐の深い」「使い勝手のよい」米は売る側にとっては本当にありがたい米なのです。

⑤応援したくなる産地の米

消費者の中には「産地」が米を選ぶ基準になるという方も少なくありません。新潟県魚沼のように知名度のある産地や、自分の出身地や縁のある産地など、選ぶ理由も様々です。米を仕入れる側も、産地という要素は当然見過ごせません。米を選ぶ「目利き」の際の判断材料になるからです。例えば宮城県の栗原近辺、秋田県の由利本荘、岩手県の江刺近辺、三重県の伊賀近辺、熊本県の阿蘇地方あたりは、「産地」と味のよさが結びついている、と考えています。

近年、「産地」を選ぶ基準に新しく「応援」が加わりました。きっかけは、2011年の東日本大震災です。震災以降、東北は風評被害にさらされました。その中でも福島県はその傾向が顕著で、福島県産の米の価格が暴落した時期がありました。そして、10年以上経った今でも、その風評被害から完全には立ち直った、とは言い難い状況です。

そのような立場に置かれた福島県に、「風評なんて気にせずむしろ応援したい」。そういった思いを抱く米屋や消費者が、今でも変わらずに福島県の米を選んでいます。とくに都内の米屋は、距離的にも仕入れやすい産地だったこともあり、歴史的に東北の米を扱ってきました。ほとんどの都内の米屋が、自分たちの生活が東北の産地に支えられてきた、ということを理解しています。だからこそ、震災後も変わらずに東北の米を仕入れ続ける、そんな米屋が多く存在するのです。

もちろん食べ物である以上、美味しくなければ人気が出ず、シビアですが取引も続きません。つまり、取引が続いているのは、福島の米がそもそも美味しいからです。美味しい米は適正価格で取引されるべきであって、買う側が「風評被害」を持ちだして安く買い叩く理由とするのは論外です。

東日本大震災は消費者の「米（農産物）を選ぶ視点」が変わる大きなきっかけになりました。とく米は他の農産物よりも「地方性」が強い一面があると思います。「ふるさと納税」に代表されるように、最近では都会の人が地方に目を向ける時代です。「応援」というのは選ばれる大きな要素になるのです。

⑥希少な特徴を持つ米

米の味は当然品種ごとに異なりますが、一般消費者に「どれも同じような味」と思われるのはよく見られる光景です。その理由の一つに、最近の品種はどれをとっても「コシヒカリ系」もしくは「コシヒカリを目指した」米ばかりだから、ということがあげられます。
本来、米の品種は、地域によって多種多様です。しかし、1970年代に「コシヒカリ」が一世を風靡してからというもの、各産地は「もっちり系」の米の開発に舵を切りました。その結果、「ササニシキ」などの「あっさり系」の米が減っていったのです
しかし、その流れのなかでも敢えて「あっさり系」の米を作り続けた産地があります。今では結果として他の産地との差別化を実現した、ともいえるのです。
宮城県では昔から「ササニシキ」の栽培が盛んです。1993年の大冷害後を機に、ほとんどの生産者が「ササニシキ」から「ひとめぼれ」にシフトチェンジしましたが、それ

でも全国的に見れば宮城県の「ササニシキ」は一定の生産量を保っています。

以前、宮城県の生産者と話をして感じたのは、彼らは自分の県で生まれ、かつては「コシヒカリ」との双璧をなした「ササニシキ」を誇りに思っていることです。「あれは美味しいお米だった」と、今でも現地の生産者は仰います。そういった生産者の思い入れと産地の気象条件等があいまって、今でも「ササニシキ」文化が宮城県では見られるのです。

弊社では「ササニシキ」を宮城県内の二か所の産地より仕入れています。同じ「ササニシキ」でも味やその他の特徴が異なっており、きちんとその違いを説明できるので2種類も店頭に置いているのです。

そして「ササニシキ」系列の「東北194号」も仕入れています。「東北194号」は卸業者もあまり知らない品種ですが、寿司店からのリクエストが引きも切らない人気商品です。「ひとめぼれ」と「ササニシキ」のハイブリッドということで説明もしやすく、評価も安定しています。「ササニシキ」は今や絶滅危惧種ですが、米に対して関心の高い消費者からは根強い人気を保っています。

⑦米屋に寄り添った提案をしてくれる産地のお米

米屋が産地の生産者と卸業者を介さずに直接取引をするのは、多くのメリットがあります。例えば「生産者の顔が見える米」として売りやすい、欲しい量だけ予約ができる、欲しい品種を栽培してくれる（こともある）、発送単位を少量でも請け負ってくれる、注文した翌日や翌々日には届いている、支払いサイトを長めに持ってくれる等々。いわば「米屋のわがまま」を聞いてくれる、ということです。

私の経験則で言えば、産地でいえば新潟県はそういった生産者が多くいる地域です。まず東京からだと交通の便がよいため、送料もそれほどかからず、発送から実際に到着するまで時間もかかりません。さらに「新潟県魚沼産コシヒカリ」のような高い米から、比較的安価な業務用米もすべて引き受けてくれる懐の深い産地です。

米の種類の豊富さは、例えば「コシヒカリ」。普通は「○○県産コシヒカリ」だけで終わるところ、新潟県産は同じコシヒカリなのに魚沼、佐渡、岩船と細かい産地の使い分けが可能（つまり同じ棚に並べることができる）なのです。

２０１７年にリリースされた「新之助」のように、「コシヒカリ」よりもさらにアッパークラスの品種も開発されました。また「こしいぶき」や「みずほの輝き」といったコシヒカリと収穫時期をずらして栽培されるブランド米もあります。

さらに業務用として使うことのできる品種も多く、「ゆきん子舞」「つきあかり」「笑みの絆」「ちほみのり」など本当に豊富です。もちろんひとつの生産者がすべてこういった品種を栽培しているわけではないのですが、複数の生産者と上手に付き合うとかなりのラインナップを揃えることができるのです。その種類の多さは必然的に米屋にとってはエンドユーザーに対しての提案力の強化につながります。そう、様々なお客からの多様な要望に対して米屋が応えることができるのは、こういった産地とのつながりのお陰なのです。県としてもこういった生産者の動きを見てか、最近は業務用米の販売に積極的で、都内の実需者向けに商談会を毎年開催しています。

新潟県は地理的に都内販売に有利だった、とみることもできますが、米屋をはじめとした実需者の事情をくみ取って、相手に寄り添った提案をしてくれている産地であることは間違いないのです。

⑧マーケティングが成功している米

米を販売する際にブランディングやマーケティングが必要なのはすでに述べた通りですが、なかには作戦勝ち、と唸りたくなるような鮮やかな戦略が成功している米があります。

長野県旧JA北信州みゆき管内、飯山を中心とした地域で販売している「幻の米」と名付けられた米は、品種名でいえば「コシヒカリ」です（「あきたこまち」もありますが、ここでは「コシヒカリ」に限定して紹介します）。

パッケージに「コシヒカリ」は小さく記されるのみで、表面にはこれでもかと言わんばかりに大きく金色で「幻の米」と記載されています。そのネーミングのダイレクトさ、インパクトの強さ、そして「なんだ？」と関心を持たざるを得ない響きに惹かれ、つい購入してしまう人も多いでしょう。弊社に問い合わせがある場合は「長野県の飯山の～」ではなく「『幻の米』、ありますか？」というケースがほとんどです。米屋としても名前をきっかけに色々な話を展開しやすいということもあり、購入している米屋は多くいます。

このように「中身は『コシヒカリ』だけれども、別ブランドで販売する」という手法は、じつは効果的です。たしかに「コシヒカリ」は間違いなく日本人なら誰でも知っている米で、その品種名自体が「絶対的なブランド」とも言えるでしょう。しかしここまで色々な品種が乱立しているなか、今さら新鮮味がないというのもまた事実です。だからまずは消費者が手に取るきっかけを作り出すために、新しいブランド名を前面に出してみるのです。

なおこの「幻の米」はもちろん名前のインパクトだけで売れているわけではありません。個人的にはインパクトだけで米を売る手法は好きではありません。それは購入して食べた人の満足感には必ずしもつながらないからです。

ところがこの「幻の米」の品質は申し分なく、比較的安定している米です。その背景には産地が狭い地域で限定されていること、きちんとJAのカントリーエレベーターで乾燥調整を行っていること、品質について等級（農産物検査法）以外の格付け（特Aなど）を行って区分けしていることなどがあります。こういった産地の苦労があっての結果、売れているということは付け加えておきます。

このように品質が確かなのであれば、こういった「インパクト重視のブランディング」は、「コシヒカリ」に限らず「あきたこまち」や「ひとめぼれ」など、銘柄名の知名度が飽和状態になった米には有効な手段だと思います。

⑨消費者は「コシヒカリ」を超える米を無意識に求めている

「コシヒカリ」は産地の工夫と、その結実として実現した日本人好みのうま味・甘味・粘りが幅広い支持を得て、今では日本で最も多く育てられている米です。「コシヒカリ」というだけで、誰でもどのような味なのかだいたい想像がつくので、買う側にとっても安心感があり、売る側も説明がいりません。

あまりに安定した人気のため、あちこちの県で栽培されていますが、ただ一般消費者の間では「コシヒカリと言えば新潟県」という強力な図式が出来上がっており、どうしてもそれ以外の産地は次点と見られてしまう傾向があります。

そこから抜け出そうとしたのが福井県「いちほまれ」です。福井県はもともと「コシヒカリ」が生まれた県です。ところがいつの間にやら「コシヒカリと言えば新潟県」の図式ができ上がってしまったのです。そこで福井県は「コシヒカリ」を超える米として「いちほまれ」を開発しました。

福井県が「コシヒカリ」を超える米を開発した経緯はともかくとして、純粋に「コシヒカリを超える米をつくる」ことは、最近の米の消費動向から見て現実的な戦略です。「コシヒカリ」の作付面積は減少傾向にあります。その背景の一つに「消費者が潜在的に『コシヒカリ』の味に飽きてきた」ということが挙げられると思います。私は以前は一般消費者向けに米の食べ比べイベントを頻繁に開催していました。その時に一通り食べ終えた人向けに「どのお米が美味しかったか」というアンケートをとるのですが、ほとんどの人が「コシヒカリ」以外の米を「美味しい」「また食べたい」と評価するのです。このイベントは新潟県の魚沼で行ったこともありましたが（この時は品種名を隠していました）、「コシヒカリ」の人気が最下位だったという衝撃的なこともありました。

もちろん温暖化に影響ですでに今の日本の気候が「コシヒカリ」の育成に向いていない、ということも作付面積の減少の背景に挙げられます。昨今「いちほまれ」をはじめ、今の気候条件下であっても栽培できる「新之助」「つや姫」「福笑い」といった「『コシヒカリ』を凌駕した、間違いない米」が続々とリリースされています。消費者のいわば「隠れた要望」に応える米が今後もじわじわと人気を集めてくるでしょう。

⑩（ほぼ）「味」だけで市場を切り開く米

米を売る仕事をしていると、品種ごとの味の違いをお客さんに伝える作業はかなりハードルが高いものだと痛感します。それは「味の違い」とはいってもその差異はわずかで、その違いをはっきり認識し、かつ言語化できる人というのは、消費者はもちろんこと、米屋や生産者であっても少数派です。それくらい、米の味は説明しにくいのです。

そのため前述しているように、消費者に米の特徴を説明するのであれば、味以外の要素を洗い出して（例えば「無農薬栽培」とか「水がきれいな産地で栽培されている」とか）、それらを説明する必要があるのです。そうしないと「このお米は美味い」「粘る」「甘い」

といった「分かったようなよく分からない説明」に終始してしまう可能性があるのです。

しかし、中には「味だけで十分に売りになる」という米があります。例えば、弊社でも扱っている「銀の朏《みかづき》」（品種名：いのちの壱）という米。私がこの米の特徴を表すとしたら、一言「えげつないうま味」だけでいいのです。それくらいこの米は「誰でも分かるくらい」「味が明らかに違う」のです。以前あるマルシェで試食つきでこの米を販売したときには、面白いくらいに「試食したら買ってくれるの図」が成立した米でした。米という商材では珍しく、「美味しい」だけの理由で売れていくのです。

お客さんからは「このお米を知ってしまったら、もうほかのお米には戻れない」という最大級の賛辞を受けているこの米。「いのちの壱」自体、非常に育成が難しい（精米もかなり難しい）品種ですが、岐阜県産の品質のレベルは図抜けて高くなっています。弊社では「銀の朏」を5kg5900円で販売しており、弊社の米のなかではいちばん高値です。米屋としては引くくらいの利益率なのですが、それでも売れ続けているのです。

もちろんこの米はキービジュアルなどもきちんと設定されていて、ブランディングもしています。しかし、今でも小さな生産者グループが栽培している米で、量もそれほどありません。大々的に宣伝しなくとも、口コミだけで爆売れしているのです。なかなか珍しい事例ですが、お客さんの美食観に由来した米は値段度外視で買ってもらえるため、米屋にとっては本当にありがたい存在です。

⑪ JAが仕切る、安心感と熱意のある米

米屋が産地から直接米を仕入れる際に最も気を遣うのは「お米の品質は均一だろうか」ということです。この均一というのは、個人であれば田んぼごとの品質、生産者グループであればメンバー間の品質です。また、年ごとの品質についても気になるところです。米は仮に「いやあ、今年は出来が悪くてねぇ。でもまあこんな年もあるからそこは目をつむって買ってくださいよ」と言っても、よほどその産地に思い入れがなければ消費者は「じゃあ他の産地のお米をください」となります。農産物の品質におけるばらつきはある程度当然なのですが、それでも品質の安定しない米は売れずに残ってしまう、というリスクが生じてしまいます。

そんなリスクを軽減するのがJAが仕切っている米です。実需者の間では「JA玉は安心」というのが共通で有している認識です（もちろん例外もありますが）。

例えば新潟県のJA胎内市では、減農薬栽培に取り組んでいる生産者グループの米をJA保有のカントリーで乾燥調製し、保管及び出荷まで担ってくれるという取り組みをしているところがあります。そのためこの生産者グループから購入する玄米はいつもぴかぴかで、本当にほれぼれする出来になっています。

また、JAさが経由で購入する玄米はほとんどがカントリーで調整済みのものばかりですが、とくにメインの「さがびより」については彼らのプライドが垣間見えるエピソード

があります。２０１９年の「さがびより」は台風や水害、ウンカによる被害により、ほとんど1等に満たない米ばかりでした。そのとき、佐賀県は都内でほかの産地に棚を奪われるのを覚悟で「さがびより」を出荷しなかったのです。私はそこまで「さがびより」に誇りを持っている産地に対し、畏敬の念を抱かずにはいられませんでした。

品質管理や販路開拓など、生産者個人や生産者グループではなかなかできないことでも、JAが絡んでいると実現できる場合があります。県庁やJAなどのバックアップがついている米は、米屋としても安心して取り扱うことができるのです。

⑫都内では珍しい産地の米

都内に限った話ですが、東京から遠く離れた地域の米は、都内に持ってくるだけでも大ごとになるため、よほどの特徴のある米でなければ都内の米屋は積極的に仕入れようとは考えません。それは産地のほうも同様で、都内の米屋をそもそも販売先としてカウントしていないと思います。

そういう意味で、都内の米屋にとって「未開の地」というのはいくつかあり、ある意味その時点で既に「差別化」ができていると言えるのです。

例えば九州・沖縄地方。この地域は佐賀県を除くと都内の米屋と縁の薄い地域です。そのため弊社ではお客さんからの要望があった米に限って仕入れているといった状況です。どのような要望かといえば、例えばネーミングが珍しいから気になる、という理由で「森のくまさん」（熊本県）。早場米が欲しいという理由で、鹿児島県種子島の「コシヒカリ」や沖縄県石垣島の「ひとめぼれ」などがあります。また、九州に本社のある飲食店からは、「とにかく九州のお米が欲しい。しかも毎回異なる産地や品種が欲しい」という無茶な？要望があるため、弊社は今まで構築してきたネットワークをフル活用して九州各地から米を仕入れています。

恥ずかしながら私はそれまであまり九州の米に詳しくなかったのですが、「夢つくし」「元気つくし」「実りつくし」（いずれも福岡県）、「にこまる」（熊本県菊池市）や「ヒノヒカリ」（大分県竹田市、宮崎県高千穂町、鹿児島県伊佐市）、あきほなみ（鹿児島県）など、仕入れてみればいずれも申し分のない味の米ばかりです。

「特定の地域では出回っていない産地の米」を生産者や産地が売り込むことも、米屋などの売り手が仕入れることも、新しい市場を開拓できる大きなチャンスになるのかもしれません。

⑬多収穫米の存在感

米屋が熱視線を送っているのが、「良食味」でかつ「値段が高くない」米、つまり最近流行りの多収穫米です。そのツートップが「つきあかり」と「にじのきらめき」です。どちらも全国各地で急速に生産量を伸ばしている品種です。個人的にはこれに「ゆみあずさ」を加えた3品種が今後もますます増えていく米と考えています。

「つきあかり」についていえば、2017年に都内で多収穫米の展示会があり、そこで試食した際、その味のよさに驚いたのを覚えています。今では弊社で取り扱う米の内トップレベルの仕入れ量で、産地も山形、宮城、新潟、島根と多岐にわたっています。飲食店に紹介してまず断られることのない、これも間違いのない米です。

ただ、多収穫米は個人的にどの品種も味の面で物足りない部分もあります。「つきあかり」に関して言えば、食感は分かりやすいのですが、ファーストコンタクトの後の食感や味の深みが足りないのです。だからこそ高くは売れないけれど、この値段であれば、といううまいところを突いたジャンルなのですね。

⑭幻のお米たちを探して

米屋はどうしても他店との差別化、そして量販店との差別化を図る必要があります。弊社はどちらかというと差別化というよりもお客様に選ぶ楽しさをという観点で「珍しいお米」を探しています。量はそれほど出ませんが山形県の「亀の尾」、岡山県の「朝日」、愛知県の「ミネアサヒ」、宮城県の「かぐや姫」、岐阜県の「ハツシモ」、熊本県の「穂増」などです。

これらは、他の産地ではまずない米、そして味の特徴が語りやすい、という二点から選ばれています。希少性が高いということは、存在自体が立派なセールスポイントです。ただし、当たり前ですが美味しくなければ売れませんし、米屋としても売りたくありません。

ただ、その「美味しい」の範囲やレベルをどこに置くかによって変わります。万人受けしなくとも例えば「亀の尾」であれば「最初に口に含んだときのうま味はややさっぱりめだが、噛みしめると甘みがじんわりと広がる」という味なのです。このように説明できれば、一部の人にはきちんと刺さるのです。

⑮ストーリー満載の「キラーワード」のある米

繰り返しになりますが、米は味の区別が分かりにくい食べ物です。だからこそ消費者の購買意欲を促すストーリーは重要だったりします。それが2章で述べた、岩手県の「たかたのゆめ」や新潟県佐渡の「朱鷺と暮らす郷」、滋賀県の「魚のゆりかご水田米」、突然変異の米（岐阜県の「いのちの壱」や静岡県の「カミアカリ」）などになるわけです。

そこまで大仰ではなくとも要するに米屋が売りやすい決めゼリフがあるかどうか、が大事なのです。その決めゼリフが品種由来でも、栽培由来でも、地域由来でも、生産者由来でも、なんでもいいのです。

私はよく現地に行って、産地の情報に触れながら売り文句を考えますが、すべての米屋がすべての産地に行くわけではありません。だからこそ、米を栽培する側にぜひとも考えていただきたいことなのです。

⑯用途限定のニッチな米

特徴が尖りすぎていて、用途が限定される米があります。例えば「和みリゾット」。その名の通りリゾット向けの米です。寿司専用の「笑みの絆」という米があります。北海道の「大地の星」という米は大粒であるが故に主に冷凍食品で使われます。もち米もそう考えると用途限定の米です。量は多くありませんがこれ以外にも、例えばいわゆる「古代米」もそうです。赤米、黒米は色付けがメインの米です。また日本産のインディカ米を栽培している生産者もいます。いずれも汎用性がないので売れ残りが心配ですが、特徴的な米です。中には酒米をわざとリゾットなどに転用する人もいます。いずれもニッチではありますが、それゆえに他に逃げることはないニーズです。そういった意味では堅実ともいえます。そのかわり、定着するには根気よく営業活動を続ける必要があるでしょう。

利便性の視点

どのような人がどのように栽培し、でき上がった米にはこういう特徴があって……、といった「商品」情報は取引を判断するうえで非常に大きい要素です。しかし、それだけでは決まりません。生産者も様々な事情があると思いますが、米屋=顧客にとっていかに利便性が高いか、というのも重要です。言い換えれば、どこまで顧客に寄り添うことができるかも、取引においては重要な要素なのです。

以前、弊社はある県の生産者とお付き合いがありました。確かにその生産者の米は美味しいのですが、今では残念ながら付き合いがありません。それは生産者から弊社に米を運ぶまでの過程において齟齬があったからです。生産者の言い分は、収穫したら、「すぐに全量を、一括で、前払いで買ってくれ！」「予約は不可！　早い者勝ち！」「希望数量はいちおう聞いておくが確約はできない！」というないないづくしだったからです。

当時私はまだ駆け出しで、なるほど産地と直で取引とはこういうことかと思い知らされたものです。また他の生産者のケースだと、予約をしていたにもかかわらず、年度途中で市場の価格が高騰したこともあり、他の業者が高く買ってくれるからといって予約分を断りなしに売ってしまった、ということもありました。その際の彼の言い分は「こっちも生活がかかっているので仕方ないですね」という、まさに身も蓋もない言い方でした。

ただ最近では事情も変わって米屋の都合に合わせてくれる産地も増えてきました。今まででは、大量に、現金で、少しでも高いところに出荷する、というのが生産者の常だったのですが、残念ながら売り手の都合だけで米が飛ぶように売れる時代でもなく、そうなると売り先（買い手）の事情も汲む必要が出てきたのです。

米屋にとって利便性の高い仕入れとは、

①少量でも発送してくれる（0・5俵～10俵単位でもOK）
②年間の数量が予約できる（全部取りきるまで現地で保管しておいてくれる）
③支払いが後払い（前金で予約分も含めて一括でというのは厳しい）、または、引き取り

は一括でも支払いは分割でもOK

といったところです。

今まで出来秋に一気に出荷し、すぐに現金化していた生産者にしてみれば非常にうっとうしい話だと思います。しかし繰り返しになりますが、新しい売り先を開拓するということは、売り先の都合に合わせて、手間をかけたり、投資をしたりということが必要です。そのため、「ここに売りたい！」と思ったとき、まずはどのようなカタチで販売するのがいいのか、売り先の事情を聞いてみるのもよいかもしれません。

弊社では茨城県の「コシヒカリ」を仕入れていますが、これはＪＡ常陸がわざわざトラックで10俵単位で運んできてくれるのです。この場合は前金制ですし、予約もできませんが、それでもＪＡ直ということもあり、値段的にも大変ありがたいレベルになっています。

また弊社がお付き合いしている新潟県ＪＡ十日町では特別栽培米の「コシヒカリ」を1俵でも送ってくれます。もちろん魚沼コシヒカリなので単価が高いということもありますが、これも弊社にとっては大変ありがたいオペレーションです。

私がプロジェクトメンバーとして毎年参加している、東京都米穀小売商業組合が主催する商談会「ＫＩＷＡＭＩ米商談会」ですが、参加される生産者に対して、事前に以下の内容について記述してもらっています。

①玄米は一括引き取りですか？　それとも分割引き取りですか？

②通年で、低温倉庫にて予約取り置きが可能ですか？
③②の場合、いつまでに全量引き取りをご希望ですか？
④取り置きの場合、保管料はかかりますか？
⑤米屋からの注文に対して1回の発送の最低ロットはどの程度ですか？
⑥出荷するお米の荷姿はどれですか？
⑦発注から発送までのリードタイムはどの程度ですか？
⑧発注方法にはどのような方法がありますか？　例：FAX、LINE、電話など
⑨都内まではどのような手段で配送しますか？
⑩都内発送で外部業者を使う場合、東京までの送料見積をとっていますか？

これらすべてに対応する必要はありませんが、米屋をはじめとした売り先に、いかに生産者や産地が寄り添ってくれるのか。取引を単発ではなく継続させていくためには非常に重要なことなのです。

品質の視点

米屋が仕入れる米は、ある程度の品質が担保されていなければ話になりません。「米屋が」

とあえて言いますが、それは米屋は米の販売で生計を立てているからです。スーパーや量販店のように「その他大勢の食品のうちの一つ」ではないのです。主力商品の米の品質が悪いのであれば、それはもう米屋としての存在意義が問われます。もちろん米は農産物ですから品質が思うようにいかない場合もあります。そのときはその理由を説明してくれるような生産者であることが求められます。

弊社が個人農家や小規模農家とのお付き合いが多いのは、彼らの規模くらいであれば自分が出荷する米の品質をすべて管理・把握しているからです。一方でスーパーや量販店といった大きな会社は購入量もとてつもなく多くなります。そういった会社は、米は農産物であるにもかかわらず、生産者に「品質のよい米を毎年安定して出してほしい」という要望を当たり前のように出します。その上、こういった購買力が強い量販店に対する売値はどうしても安くなります。そうなると生産者は品質はある程度でとどめて、まずは生産量を増やすことに注力します。あまりに大量に栽培するとそのうち米は単なるモノと化してしまい、丹念に栽培するということからだんだん遠ざかってしまう可能性が出てくるのです。だからこそ米屋レベルとお付き合いするくらいの生産者のほうが、規模的にも品質を自分で管理することができる量なので買う側としても安心なのです。

もちろん規模の大小はあくまでも農家の意思によるもので、米屋が口を出すことではありません。米屋が関心があるのはきちんと品質の良いものを出してくれるか、またその裏付けはきちんと整っているのか、の2点です。

先述したように、私は毎年開催されている東京都米穀小売商業組合が主催する商談会のプロジェクトメンバーとなっています。そこで出店する生産者を募集するのですが、希望するすべての生産者が出店できるわけではありません。そこには厳格な審査があります。ここでは詳らかにはできないのですが、私たち米屋は生産者がどのようにして品質を保全しているのか、以下のような視点で審査しているのです。

①低温倉庫の有無
②色彩選別機の有無
●玄米の調整において、色彩選別機を使っていますか？
③籾保管の有無
④乾燥機の有無（乾燥機の特徴を具体的に）
●乾燥調整は自前の設備で、自らがオペレーターとなっておこなっていますか？
⑤粗選機の有無
⑥石抜き機の有無
●玄米の調整において、石抜き機を使っていますか？
⑦何ミリの網目でふるいをかけていますか？

⑧春先から夏にかけて、玄米をどのように保管していますか？
⑨農産物検査は受けていますか？

といった項目です。

例えば最近は玄米や分搗き米で食べる消費者が増えてきています。米屋には、そのような米にこだわる消費者が足を運んでくるのです。そういったお客さんに見せる玄米がぴかぴかで粒がそろっていれば、それだけでお客さんは喜びますし、米屋としても誇らしいのです。もちろん味も美味しいのは当たり前ですが、その美味しさを食べる前から表現できるほどのレベルの品質を、米屋は求めるのです。だから米屋に対しては、高めのお米でも売れるのです。

もちろん米は農産物ですから、毎年の出来不出来はあります。品質の悪いものを色彩選別機などを使って無理やり1等にしても、いたずらに生産者に負担をかけるだけですし、それを求める米屋は「お米は農産物だから仕方ない」、という覚悟がないだけの話ですので、そこまでやる必要はありません。

私たちは生産者が、収穫した米をそのままにするのではなく、いかに川下の人たちの顔を思い浮かべながら品質の良いものに仕上げるのか、その意識はあるのかというのが大事だと思っています。まさに「後工程はお客様」の精神です。そこまで気を使っている生産者と、米屋は付き合いたいのです。

引く手あまたの生産者

米屋を継いで5年目くらいから米の仕入れも担当するようになりましたが、実際に仕入れ先を探したり、やり取りをしたりすると、全国には本当にいろんな生産者がいることを実感します。よく「生産者の高齢化が進んでいる」「このままだと日本の農業は危うい」などと言われますが(その通りではありますが)、それはあくまでもマクロ的な視点であり、小池精米店が付き合っている生産者を改めて見ると、そんな心配はどこ吹く風、むしろ米屋よりも元気で私たちが励まされるくらいです。

ここでは米屋である私がお付き合いしていてよかったなと思う生産者をごく一部ですが紹介します。

長くお付き合いしている生産者の特徴は、まず2章で述べたように、味や由来も含めて「商品」に特徴があり、売りやすいということです。また、本章で先述したように、商売をするうえで、売り先の立場で考えてくれる（かゆいところに手が届く）「利便性」のある生産者、モチベーションが高く「品質」の確かな米を届けてくれるという安心感のある生産者は、離れがたい存在です。

そして、これは米屋をはじめ、売り先の店主によりますが、生産者の生き方やポリシーに共感している、ということも取引を継続している理由になります。

もちろんケースバイケースなことが多いのですが、私が現在取引をしている生産者の中で、特徴のある方を紹介します。

①北海道旭川市の沼澤信勝さん、美香さん（ぬまんち）

【特徴】

- 真面目な取り組みで安定した味を作り出す
- 一緒に成長を感じられる、応援したくなる新規就農者である

もともと都内に住んでおられた沼澤さんが、結婚を機にご主人の故郷の北海道に移住し農業を始めました。今から9年ほど前に土地勘のある東京で米屋営業で回られていたときに知り合いました。

弊社が仕入れている品種は「ななつぼし」です。弊社はその当時、あまり北海道米の扱いはなかったのですが、試食してみると、卸業者が持ってくる「ななつぼし」と比べて格段に美味しいのです。現地には2回ほど行ってみました。取り立てて環境がよいわけではありませんが、それでも毎年安定した旨さを出してきます。これは明らかに、土が違うのでしょう。そして新規就農ということもあり真面目に取り組んでおられる証拠だと思いま

す。弊社は応援の意味も込めて付き合いが始まりました。当初は年間で5俵あるかどうかくらいの付き合いだったのですが、今では10倍くらいになっています。

②青森県つがる市の小笠原俊也さん（小笠原農園）

【特徴】
- 品種ではなく、努力と自分の腕で美味しくしているという「生産者売り」がある
- 小ロットの発送など、取引が気軽にできる
- 若い生産者なので応援したくなる

年齢は私と同じくらい。業界では若いほうです。何回か産地に招いていただいたこともあり、取引が続いています。また非常に勉強熱心な方で、市の図書館にある多くの農業関連の本を読み込んでいるそうです。

毎年栽培の工夫に余念がなく、「つがるロマン」というそれ自体はあまり有名ではない品種を美味しく育てています。その結果、県内の品種別のコンテスト「あおもりの旨い米グランプリ」の「つがるロマン」部門で2年連続最優秀賞を獲得しています。青森県のつがる地方は大規模な農家が多く細かい対応はなかなか難しいと思うのですが、気軽に30kg単位で発送してくれるので助かっています。また先日、彼が付き合っている授産施設から小分けの白米を販売するのですが、その売り先をどのようにするか相談を受けました。こ

のように単に栽培だけではなく社会貢献まで模索している姿に惹かれます。

③山形県鶴岡市の水野健二さん

【特徴】

- 間違いのない味、特徴のある技術が「売り」になる
- 地域振興に熱心な生産者である
- 若い生産者なので応援したくなる

もともとは広告代理店にお勤めで、そののち家業を継がれた生産者。年齢は私よりもやや若い方です。弊社は「つや姫」と「つきあかり」を仕入れています。彼は栽培において様々な工夫をしていますが、一番大きな特徴は収穫後の乾燥方法です。最近流行の遠赤外線ではなく、風乾燥にこだわっています。風乾燥だと時間はかかりますが、味に深みが出るので私は比較的好きな方法です。そのため彼の「つや姫」は毎年安定して深いうま味を舌に残してくれます。フットワークも軽く、多収穫の「つきあかり」を率先して栽培していますし、発送も5俵単位でも厭わず行ってくれます。将来的には自分の圃場の周辺に、自社で修業させてのれん分けした若手農家を展開させたい、という大いなる野望も持っています。自分だけよければ、ではなく、いかに周囲と一緒に盛り上がっていくかという社会性を身につけた生産者は特に応援したくなります。

④福島県会津若松市の大堀浩一さん（ダイヤファーム会津株式会社）

【特徴】

- フットワークが軽く、行動力のある安心できる生産者
- イベントの効能をよく知っている

年齢は私に近く、業界では若いほうです。行動力のある方で、都内にマンスリーマンションを借りて何日もかけて都内の米屋や飲食店に営業で回っていたときに私と知り合いました。イベントがもたらす効能もよく分かっておられて、私が企画したイベントに参加したり、ご自分でも都内でイベントを開催したりして、一般消費者に会津の米をＰＲしています。会津の「コシヒカリ」自体、米屋にとっては珍しい米ではないのですが、それでも取引につながるのはこれぞ生産者に情が移るパターンです。もちろん味は申し分なし。発送単位や発送における連絡方法もストレスなくおこなうことができます。今では弊社との取引も当初の10倍以上となっており、昨年、ご自分の会社が黒字転換ということでそのお祝いの席にも呼ばれました。

⑤新潟県村上市の板垣嘉将さん（株式会社新耕農産）

【特徴】

- 熱量が米屋（売り先）に伝播している
- 米屋がいかに使いやすくなるかを考えているため、利便性が高い
- 地域振興に熱心な生産者である

私よりも若い生産者ですが、圃場見学に行くと自分の田んぼ、そして稲の話が止まらない止まらないのマシンガントークで、米屋の私でも圧倒される、そんな生産者です。熱心というよりも熱い！　と言ったほうが適切なくらいの熱量があります。

弊社は「ゆきん子舞」という業務用の米を仕入れているのですが、これも今であれば「あの流行の」となるところ、もう10年くらい前から米屋向けの業務用米の栽培を熱心に取り組んでおり「米屋だから美味いお米を求めてくる。そのうえで値段的なメリットがあれば取引につながる！」という先見の明があったのでしょう。米屋向けに小ロットでも気軽に発送してくれます。何よりも「俺はフレコンはやらない！　紙袋に小分けする労力こそ付加価値になる！」と米屋が聞けば嬉し泣きするようなことを言ってくれます。

⑥福島県喜多方市の山田義人さん（有限会社やまだズ）

【特徴】

- ポストハーベストも丁寧で安定品質
- 父親の姿を見てしっかりと後継者も育っている（安定感がある）生産者である

山田さんは父の代からの付き合いなので私よりは年齢が高い方です。しかし後継者がいるので、前途洋々な生産者です。私が米屋を継いですぐに圃場見学に行ったのが山田さんの圃場でした。彼の言葉は今でも覚えています。

「何はともあれ、米の味をよくすることが大事であり、そのための手法として必要であれば農薬も化学肥料も使う」

農法だけで米を語ることはできないと、彼から学びました。また弊社でお付き合いのある農家の中で玄米のきれいさは一、二を争います。以前、他の産地で玄米の品質について話をする機会があったので彼の玄米を持っていき、お披露目したことがあります。もちろん米屋向けの受注体制、発送体制も整っており、昔から電話一本で小ロットでも発送してもらえる、本当にありがたい生産者です。

⑦宮城県栗原市の高橋文彦さん（有限会社ライスサービスたかはし）

【特徴】

- 質の高い、宮城県ならではの品種を複数取り扱っている
- 年ごとに値段が変わらない
- 発送ロットや年間予約などかゆいところに手が届く

宮城県の栗原近辺はご存じの通り、宮城県、いや日本の中でも有数な稲作地帯として知

られています。ここで稲作を営んでいる高橋さんはこの地域のリーダー的存在。また宮城県ならではの品種を複数栽培して食味も安定しています。弊社は彼から「ひとめぼれ」「東北194号」「つきあかり」を仕入れています。

彼のよいところは米の仕入れ値が毎年変わらないところです。マーケットに応じて値段が変わるのは、生産者にとっても米屋にとってもリスクになります。それよりも米屋にとっては多少高くとも値段が変わらないほうが安心して仕入れ計画、販売計画を立てることができるのです。また発送も少量から、また定期配送や年間予約など、米屋が欲しているようなところをすべて応じてくれているのです。

⑧石川県輪島市の川原應貴さん（有限会社川原農産）

【特徴】

- 味は品種だけではなく、品種＋生産者の腕で決まる好事例
- 自分の栽培ノウハウを生かして農家コンサルも行っている
- 品質に絶対の自信があり安心

私がまだまだ駆け出しのころ、都内の商談会で出会ったのが彼でした。当時、私は日本各地の米を探しており、こういった商談会にはよく顔を出していたのです。彼は「能登ひかり」というその名の通り能登半島で栽培されている品種を持っていました。試しに購入

してみると、シャキッとした歯ごたえにしっとりしたうま味が舌に乗る、本当に美味しい米でした。以来、彼から毎年購入しているのですが、時が経つほど「能登ひかり」を都内で販売している米屋はほぼいないということと、「能登ひかりが美味しい」ということもありますが「川原さんの能登ひかりが美味しい」ということに気付かされたのです。

まだ若い生産者ですが、最近では自分の農法をノウハウとして他の農家にお披露目しているようで、まさに篤農家と呼ぶにふさわしい生産者です。

⑨茨城県筑西市の大嶋康司さん（株式会社大嶋農場）

【特徴】
- 多品種栽培でニッチなニーズにも応えてくれる
- グリーンツーリズムにお客さんを紹介しやすい
- チャレンジ精神が豊富で見習うべきところが多い

私の師匠的存在の有機JAS認定検査員さんから紹介された生産者です。私よりも一回り上ですが、出会った当時から今も変わらぬ「新しいことにチャレンジする」方です。

茨城県であればたいていは「コシヒカリ」なのですが、彼はあえて「ミルキークイーン」をメインに据えていました。栽培方法が特徴的で、2章で前述した「田んぼにはちみつと雪塩をブレンドした肥料を散布」しています。栽培品種の種類が非常に豊富で、その数80

種類を超えているそうです。弊社は「和みリゾット」や「笑みの絆」といった変わりどころを購入しています。

消費者との交流を積極的に行っており、田植え・稲刈りイベントは毎年開催。しかもそれで終わらずに軒先で食事も用意してもてなしてくれるという、いわゆるグリーンツーリズムも積極的に開催。最近は生産者向けに種籾の販売も始めており、毎年何かしら新しいことをしています。息子さんが脱サラして後継者となっており、将来も安定。本当に勉強になる生産者さんです。

⑩長野県東御市の柳澤謙太郎さん（株式会社太陽と大地）

【特徴】

- 認証がなくともきっちりとした品質に仕上げてくれる
- 栽培だけではなく自ら販売に動く姿勢がすごい
- 自分だけではなく仲間と一緒に地元を盛り上げている

個人的に祖父の生まれ故郷の生産者ということと、出身校が同じということもあり勝手に親近感を覚えているのですが、もちろんそれだけではお付き合いはしません。

まず米の品質が格段によいということがあります。弊社がお願いしているのは「コシヒカリ」と「ミルキークイーン」ですが、どちらも古米を保管料抜きで取り置きしてくれるため、数軒の寿司店向けに使っています。彼の米は「謙太郎米」として飲食店の間では名の知れたブランド米です。私と知り合いでもなんでもない方からいきなり弊社に問い合わせがあったりします。

そして彼は新しいことに果敢にチャレンジしています。例えば酒米を栽培して長野の有名な造り酒屋に卸しているのですが、それも直接頼み込んで実現したということです。その根本には日本酒が好きということがあるようで酒販免許まで持っています。その酒米を造り酒屋に売るだけではなく、自社で「リゾット向け」として商品化もしています。また地元の若手生産者と米販売の会社を立ち上げ、自分だけではなく仲間とともに地域を盛り上げていこうという姿勢にも共感し、お付き合いしております。

⑪三重県鈴鹿市の太田翔さん（スズカトラクター）

【特徴】

- とにかく美味しいものを出したいという熱意
- 東京の米屋に必ず挨拶に来る熱心さ
- 生産者の姿勢が商品の安心につながる

三重県の鈴鹿という場所は、決して米の生産に特化した地域ではありません。しかしこの地で稲作を展開している太田さんはそのような条件もなんのその、常に安定していいものを出してくれるのです。彼の口癖は「ええもん作ります」です。

三重県では「三重23号」という品種がありますが、その中でも諸条件をクリアしたものが特別に「結びの神」と名乗ることができます。彼はその「結びの神」の代表的な生産者です。まだ年齢も若く、毎年新米ができるたびに必ず感想を聞いてきます。簡単なようでいて、毎年購入者に感想を尋ねる生産者はあまりいません。彼の場合はさらに毎年東京まで遠征に来て付き合いのある米屋などに挨拶に来るのです。これもなかなかできることではありません。「結びの神」自体、ふっくらとした食感と優しい甘みで他品種との差別化がしやすいということもありますが、こういった太田さんの姿勢を見ると私たち米屋も安心してお客様にお勧めできるのです。

⑫岐阜県岐阜市の奥村知己さん（主穂営農）

【特徴】

- 「ハツシモ」自体が珍しい品種で、もともと米屋からの評判が高い
- 米への愛情が深すぎる
- ここまで熱心であれば仕事の細部までこだわっているに違いない、という安心感がある

奥村さんは「ハツシモ」という、なかなか珍しい品種を田んぼごとに管理しており、それぞれの田んぼごとに名前を付けているという、かなり珍しい生産者です。彼自身のキャ

ラも立っており、見た目のインパクトが強いアフロヘアです。しかし個人的にはそこについてはほとんど関心がありません。関心があるのは彼の自分の栽培した米への愛情の深さです。あまりに種類が多いのでそれぞれの違いの説明を求めたところ、非常に細かく丁寧に「この子は……、あの子は……」と特徴を教えてくれました。味については私は食べ比べて違いが分かるのですが、一般消費者には分かりにくいでしょう。それでも弊社がお付き合いしているのは彼自身の熱意の強さに惹かれたということがあります。彼のキャラをお客さんにそのまま紹介したのではちょっと強すぎるきらいがあります。それを米屋なりの解釈でお客さんに伝えるのが私たちの役目なのです。

いかがでしたでしょうか？　取引する理由には小池精米店の事情や、小池独自の感性という、個別事情による場合が多いのですが、それでもどういった視点で米屋が産地を見ており、そして実際の取引となっているのか、参考にはなったかと思います。

ご縁と言ってしまえば身も蓋もないように聞こえますが、しかしそのご縁とはどこから降って湧いてくるものではありません。少なくとも現状を変えたいと動いた者に対してそういったご縁は降りてくる、と私は思っています。

もし現状を変えたいのであれば、まずは動いてみてください。お米業界は変遷の時代です。そんな時代だからこそ変化を求めている者同士がマッチングしやすいのです。

米対談

イタリア米栽培で差別化に成功した米農家の農場運営

有限会社たけもと農場（石川県能美市）

代表取締役

竹本彰吾

有限会社たけもと農場の竹本彰吾さんは、江戸時代から続く米農家の10代目。全国農業青年クラブ連絡協議会会長などを歴任し、「#農業をなりたい職業ナンバーワンに」を合言葉に、SNSやポッドキャストで情報発信もしているという個性的な生産者。さらに、全国的に見ても珍しいイタリア米「カルナローリ」の栽培でも知られており、イタリア料理店を中心に人気を集めています。

竹本さんは、消費者を強く意識し、市場のニーズを捉え、栽培に反映させています。「カルナローリ」の栽培と販売の成功の裏話と、市場感覚を持った農場運営のあり方について話をうかがいました。

就農4年目でイタリア米栽培を開始

小池(以下小):たけもと農場さんといえばイタリア米「カルナローリ」栽培で有名です。「カルナローリ」は調味料の吸収力が高くて煮崩れしにくい、イタリア料理リゾットに最適な品種です。

竹本(以下竹):おかげさまで、イタリア料理店や、イタリア料理の材料の問屋などに買っていただいています。

小:お米のなかでも「イタリア料理のリゾットにぴったりのお米」って、だいぶニッチだと思います。作ろうと思うに至った栽培のきっかけはなんだったんでしょうか?

竹:きっかけは、金沢市のイタリアンレストランのシェフと仲良くなったことですね。僕が米農家だと言うとリゾットを出してくれて。そのとき、「リゾットは『コシヒカリ』だとべたっとしてしまうから、イタリアから『カルナローリ』を輸入しているんだ」って。同時に、「輸送費とか関税で高くつく」って言われたんです。

小:たしかに、イタリア野菜とかは国内で栽培している人を聞きますけど、お米を作っている人っていなかった。

竹:それでシェフが「竹本さんが作ってよ」って、話が飛躍したんです。向こうは冗談だったのかもしれないけど、僕は「チャンスだ!」って思って、こっそり田んぼの隅で作り始めたんです。秋になって収穫して、持っていったらシェフに「本当に作ったの？」って。

小：すごい行動力ですね。それで、まずはそのシェフが買ってくれたわけだ。

竹：欲しいって言ってきたわけだから（笑）。最初は少量しか作っていなかったんですが、県主催の商談会でバイヤーに見つけてもらって、そこから規模が拡大しました。

小：確かに、商談会で「カルナローリ」みたいなお米は強いだろうな。ほかにはない食材だから。基本は飲食店に直接卸しているんですか？

竹：金沢市とか東京の飲食店に卸しています。卸を通しているほうが多いかな。レストランにとっては輸入するよりずっと安いし、国産米だから、僕（生産者）のことも説明できる。

小：技法は本場イタリアで、食材は国産というのは理想的だなあ。私も「和みリゾット」[*1]っていうお米を東京の飲食店に卸していますが、彼ら横のつながりが強いですよね。

竹：ですね。基本、口コミで広めてくれたなと。

小：国内に作っている人はいなかったって言っていましたけど、栽培には苦労されたでしょう。

竹：苦労はしましたね。はじめの年はいっぱいまいて、ぽつぽつ発芽する、みたいな。でも10年以上世代交代して、育てやすくなってきました。最初は背の高いお米だったんですけど低くなって。味も、だんだん柔らかく、甘くなっていきました。厳密な本場の「カルナローリ」とはもしかしたら違うのかもしれないけど、これはこれでありというか。

小：風土に根付いたお米になっていくんですね。

常にリクエストに応え続ける姿勢

小：「カルナローリ」以外には何を栽培されているんですか？　石川県だし、「ひゃくまん穀」とか？

竹：……じつは、10品種以上栽培していまして。「ひゃくまん穀」も作っていますけど。

小：10も！　すごいですね！

竹：「コシヒカリ」や「ひゃくまん穀」、「ゆめみづほ」「あきだわら」。「ミルキークイーン」「つきあかり」。一番収量が少ないので「石川糯24号」というもち米も作っています。

小：なんでそんなにたくさん作っているんですか？　いろいろな品種を作るのがお好きとか？

竹：一つは作期分散ですね。収穫時期をずらして、適期に刈る。もう一つはお客さんの分散です。僕が作っている品種は、基本的にお客さんからのリクエストに応える形で栽培しているんです。「ミルキークイーン」はお弁当メーカーから、「つきあかり」は米卸からのオーダー。「作ってくれ！」って言われたら断れなくて、気づいたらこんなことに。

小：すごいな。でも、キャパ的にできるならやったほうがいいですよね。弊社もお客さんのニーズを聞いているうちに、取り扱っている米は80種類くらいになっちゃったし。要望出してくれるってことは、ある程度高価格でも買ってくれる余地があるってことじゃないですか。お客さんからの要望は、ありがたくて「無理です」って言えない。

竹：「そんなのないよ」って言うのは簡単だけど、それってつまり、お客さんを切るってことですからね。しかもこっちの都合で。農家って「作ったから買ってね」ってマインド持っている人が多いけど、できる範囲でお客さんのニーズに応えていかないと。

小：生産者がリクエストを受けることってよくあるんですか？「カルナローリ」の栽培のきっかけですが、竹本さんだからいろんな話を引き寄せたってことはないですか？（笑）

竹：うーん、僕以外にも、以前からリクエストを受ける農家自体は、結構いたと思うんですよ。でも、「わざわざイタリアの米を作らんでも」って言えばそれまで。僕の場合も、聞き流せる雑談から始まったわけだし。シェフと話したとき、僕は就農4年目の26歳とかで純粋無垢だったから、「作らねば」って思った。その感覚がよかったんじゃないかな。

小：その成功体験が、今につながっているんですね。常識的には受け入れられないちょっと突飛な話でも「真に受ける」ことで、チャンスをつかんだりするんだな。

竹：お米も違いの分かる人が増えてきました。眠っている要望はまだまだある気がします。

小：どうしたらそういうマーケットを探して、要望をキャッチできると思います？

竹：やっぱり、外に出ていくってことですね。僕の親父も、いろいろ人の意見を聞くのが好きな人でしたし。商談会とか展示会とかに出て、農家仲間やＪＡの集まりにも顔を出して、飲食店に食べに行くとか。昔は、米屋を回ったりもしていました。

小：米屋はやっぱりエンドユーザーと近いから、面白い話を聞けると思いますよ。

竹：いろんな人と話す内に、百発百中ではないけど、「こういうお米が欲しい」って出てくるんです。実際に作れるか、すべてのリクエストに応えられるかというとそうではないけど。ちょっとずつ「タネ」を集めて、自分にマッチするものを広げていく。そういうことを、いち農家でも、産地であっても、トライするべきじゃないかって思います。

小：自分の足で探しに行くのが大事なんですね。

竹：あんまりみんな、足で稼ぐってことをしていない気がします。農家はいい米を作るのが仕事だっていう、職人意識もあると思うけれど。でも一回始めると口コミとかで広がって、あとは数珠つなぎですから。最初だけでも頑張ってほしい。

小：リクエストにはまだまだ応えていくつもりですか？

竹：おかげさまでリクエストがどんどん来ていて、徐々に応えきれないなという感じになっていますね。この前は「インディカ米」を作ってほしいって言われましたよ。

小：そんなに多品種作って、管理とか大変じゃないですか？

竹：一番大変なのは、乾燥ですね。

小：品種ごとに乾燥機が並んでいるんですか？

竹：いや、乾燥機は併用なんです。だから、品種同士が混ざったりするのを防止するために、めちゃくちゃ掃除しなくちゃいけなくて。

小：それは大変だ。そのあとの精米も、自前でおこなっていますよね？

竹：そのほうが利益率がいい、というのもあるんですが（笑）。農家が最後まで自分のお米に責任を持つという経験は大事かなって。出荷してあとはよろしく、じゃなくて、任せるにしても一度、自分で製造責任を完遂したことがあるかないかは大きく違うと思います。

小：「カルナローリ」みたいなお米は、精米が大変そうです。

竹：すごく割れるんで、大変ですね。普通の精米機で圧力をめいっぱい下げて2回。それでも割れちゃうんで、ふるって選別しています。

小：私が扱っている「和みリゾット」も、割れやすいから苦労していますよ。

竹：でも、一回地元の精米店に「カルナローリ」を精米してもらったら全然違いました。こんなに割れないものかって。

小：そこはさすがにプロですね（笑）。餅は餅屋で、分業するときはしてもいいと思います。

情報発信は継続が大事

小：竹本さん、ポッドキャスト[*2]をやっていますよね？

竹：ええ。農系ポッドキャスト「青いTシャツ24時」。そろそろ3年めになります。
小：編集も竹本さんが？
竹：僕です。農作業しながら音源聞いて、ここ削ろうとか脳内で編集して。30分の番組作るのに、3時間くらいかけています。
小：よく続いているなあ。それはやっぱり、販売営業の一環として？
竹：いや、最初はノリで（笑）。情報発信自体はブログとかで元からやっていたので、その延長というか。話していると頭の整理にもなるし、人と仲良くなるきっかけにもなるんですよ。「今度一緒にポッドキャスト録りませんか」みたいに。小池さんもポッドキャスト、すごく向いていると思いますよ。
小：本当ですか？（笑）。竹本さんの配信って、生産者がメインで聞いているんですよね？
竹：農家の人が多いんですけど、なんか東京の農家じゃない人も聞いているみたいです。僕は4Hクラブの会長や、アグリファンド石川の会長を歴任してきたんで、農家のなかでは認知度は高いほうかなと思ってるんですけど。そこから、「農家の中で知名度のある農家」っていうので消費者の方にもちらほら知ってもらっている感じです。
小：認知度を上げるために、広告にはお金かけてないですよね。
竹：全然かけていません。広告みたいに手っ取り早い認知のされ方というよりは、地道に情報発信して、アンテナに引っ掛かってくれる人が買ってくれるほうがいいと思います。

小：弊社もそうです。とくにお米って、テレビCM的な認知度の上げ方をしても、移り気な消費者が多くて、継続的に買ってもらえなかったりしますよね。

竹：もちろん、露出する機会、お客さんに知ってもらう機会を増やすっていうのは必要ですけどね。「カルナローリ」作り始めてもう10年くらい経ちますけど、いまだに「そんなお米あったんですね」って言われますし。

小：何回も同じ内容を話しているのに、相手は新鮮味を感じてくれるっていうのは「お米業界あるあるある」かもしれません。

竹：つまり、情報発信は継続が大事なんですね。リアルの商談会とかも、成果のあるなしにかかわらず、僕は毎年出店しています。

お米消費の今後

小：地元石川県はどんな雰囲気なんですか？

竹：石川はニッチな路線が好きな農家さんが結構いて、わりと話は合いますね。石川県は産地としては少し弱い、というところがあるので、逆に農家一人一人が「俺が頑張らなきゃ」と思っているのかもしれません。

小：元気な産地だなあ。

竹：若いメンバーも多いですね。とはいえ、高齢の離農者も毎年のようにいて。農地を僕が預かったりもしています。

小：じゃあ、毎年農地が増えていっているんですね。今は何haくらい？

竹：54haくらいです。農場は半径1キロ円に収まっているんで、集積はできているかな。

小：農地預かってほしいと頼まれたら断らないんですか？　田んぼが広がっても、利益率が上がる、というわけでもないですよね。

竹：よほど条件の合わない田んぼでなければ受け入れますね。今、僕含めて7人従業員がいるんですけど、本当はもっと雇いたい。どんどん営業していかないと利益が出ない。

小：ネット通販も精力的にされていますね。

竹：一般消費者への直販は基本的にネット経由です。一番売れているのは特別栽培米の「コシヒカリ」です。「カルナローリ」は有名だけど、あまり一般家庭に需要がないので。

小：「コシヒカリ」は有機JAS、無農薬、慣行農法までそろっていますよね。栽培法の細分化も、ニーズに合わせて？

竹：もちろんそうです。有機なんかとくに、こちらの都合で作っても、お客さんがつかない限りは栽培費用がかさみますし。単価を上げても買ってもらえなければロスになる。

小：どういう人が、竹本さんから購入されるんでしょうか？

竹：栽培法に惹かれて、という人もいると思いますけど、農家から買う一般消費者って、

「品質」を重視しているかっていうと、多分そうじゃない。安定した品質を求めるのであればＪＡとか、それこそ小池さんから買ったほうがいい。「頑張っている農家を応援したい」とか、「石川県の農家から買いたい」とか、それから『イタリア米を作っている農家さん』のお米が欲しい」とかね。「竹本さんを応援はしたいけど『カルナローリ』は食べないから、『コシヒカリ』買いたい」とか。

小：購買理由が消費者サイドの属性によることを、私は「感情移入」って呼んでいますが、一般消費者って難しいですよね。私たちが思っている以上に米について知らないし。

竹：興味を持ってくれるだけでもありがたいですけどね。

小：米屋側としてはね、どうしても生産者や産地に「品質」を求めますが、よくぞここ十数年の異常気象のなか、頑張ってくれているなって頭が下がりますよ。荷姿も売り先に寄り添ってくれる生産者さんが増えた印象です。

竹：若い人の間では少しずつ、市場感覚みたいなものが芽生え始めたんでしょうかね。本当はみんながそういう感覚を持つのが、あるべき姿だなって思うんだけど。

小：米屋のほうがむしろ、産地をもっと見たほうがいいね。卸業者経由だけで仕入れている米屋は、産地が大変だって感覚があまりないんですよ。毎年が異常気象じゃないですか。米は工業製品じゃないんだから、天気や環境で米の出来が左右されることくらい飲み込んで、そのうえで自分たちで米を売るんだという覚悟を、米屋は持たないといけない。

＊1　2013年に農研機構が育成した水稲新品種。イタリア料理リゾット用米としての普及を想定して、「カルナローリ」と「北陸204号」を交配して誕生した。
＊2　Podcast。インターネットラジオの一種。無料で音声コンテンツを楽しめるサービス。

Profile

竹本彰吾（たけもと・しょうご）

1983年、石川県能美市生まれ。有限会社たけもと農場代表取締役。大学卒業後、家業である有限会社たけもと農場に入社、2015年に事業を継ぐ。全国農業青年クラブ連絡協議会会長、アグリファンド石川会長を歴任。農系ポッドキャスト「青いTシャツ24時」を配信中。共著に『今日からはじめる農家の事業承継』（家の光協会）がある。

この対談は2023年5月に行われました。

左から著者、竹本彰吾さん

（左）国産カルナローリ（イタリア米）白米1kg、（右）たけもと農場オリジナル加工ブランド「テーデルゲン」リゾットMAMMA（バジル・トマト・きのこ）

5章

お米のこれからを語ろう
新しい希望の取り組み

米の楽しみ方の多様化

ここまで、米の売り方についてあれこれとお話ししてきましたが、それもこれも米の消費量が減り続けているという厳しい現実に、何とかあらがおうという一念があるからです。しかし、現実が悪化の一途をたどっているかというと、一概にそういうわけではありません。

例えば、米の消費量が年々下がる一方で、加工米飯は伸びています。加工米飯とは一般的に、レトルトごはん、パックごはん、冷凍ごはん、缶詰ごはん、乾燥ごはんなどを指します。こういった加工米飯の生産量は1998年度には20・8万トン程度であったところ、2022年度を見ると42・9万トンと、2倍以上に増えています[1]。

加工米飯には様々な形態がありますが、その中でも最も伸びているのがパックごはんで、生産量は約6倍にまで増えています。他の加工品と比べてその簡便性が評価され、伸長率の高さが際立っています。パックごはんの中身も、最近では「コシヒカリ」だけではなくいろいろな品種や、あえてブレンド米に仕立てている商品もあります。最近では輸出も増えてきており、2018年度から2022年度の4年間で輸出量は1・5倍に増えました。ちなみに輸出先ではアメリカが最も多く、次いで香港、台湾、韓国、シンガポールと続いています[2]。

私は米屋ですので、生米販売が主流です。弊社で取り扱っている生米は、自ら産地を訪ね、生産者とやり取りして仕入れた玄米を、さらに自分の最高の技術で精米しています。そのようにしてでき上がった生米には、「お客様にお勧めしたい！」という思いがぎっちりと詰まっているのです。

正直「パックごはん」は、米屋としては許容しがたい存在でした。私にとって、炊飯は料理です。美味しいごはんを食べたいのなら、米の状態や品種によって調理方法を工夫してほしい。そういった工夫が米に対する感情移入につながります。「パックごはん」はそれらをすべて切り捨てる商品なのです。そのため、今まであまり関心がありませんでした。

ところが、先日テレビ出演した際に、20種類以上の「パックごはん」を食べる機会がありました。そこで分かったのは「想像以上に米の味の違いが分かる」ということです。

例えば大粒の品種だけ選んでブレンドした商品や、無農薬栽培の米を使っている商品がありました。それぞれごはんの特徴がかなり前面に出ているのです。品種や栽培方法の違いが味の違いに直結するのであれば、「パックごはん」の存在意義は大きいのだと気づいたのです。

「米粉パン」も同様です。米というのは粒で摂取するから血糖値が上がりにくく、インシュリンの過剰分泌を抑えるので、結果として太らないのです。その点が小麦粉との大きな違いでもありました。にもかかわらずそれを粉にしてしまうとは、自らの優位性を失ってしまう行為でしかなく、やはり許容しがたいものでした。

しかし、最近知った「生米パン」。これは米粉ではなく、自分の手元にある生米を加工してパンを作ります。試しに複数の品種でパンを作ってもらったのですが、それぞれ品種ごとの味の違いが出ており「お米の顔が見える商品」となっていました。加工品にもかかわらずここまで品種の違いが出てくるのであれば、それは生産者の思いも一緒に届けることができるといえるでしょう。粒で摂取するメリットがなくとも十分に米を楽しめる加工品です。

誰かが言っていましたが、コーヒーの楽しみ方は人それぞれ。豆から厳選して自分で挽く人もいれば、インスタントや缶コーヒーで楽しむ人もいます。どれが良い・悪いではなく、それがコーヒーの楽しみ方の多様性なのだ、と。

米も同じです。これだけ楽しみ方が多様化できる農産物は珍しいと思います。米に触れるきっかけは様々でいいのです。そこから米に興味を持ってもらうことが、長い目で見て、米消費拡大につながるのです。

楽しみ方が多様化しているということは、つまりニーズが多様化しているということ。ここにチャンスがあるはずです。消費者と付き合っていると思いもよらないニーズがあることに気づかされます。

以前、炊き立てよりも冷やごはんのほうが好き、という人がいました。彼が言うには、あのアルデンテな感じが好きなんだ、ということです。さすがにこれはメジャーな考えにはなりにくいと思うのですが、それでも「冷めても美味しいお米」（つまりお弁当などで使う）というニーズは従来より消費者から出てくる話です。個人的には生産者の顔が見える、つまり丁寧に栽培している米ほど品種を問わずいずれも「冷めても美味しいお米」なのですが、中には冷めるとさらに美味しいという品種もあります。岩手県の「金色の風」という品種です。もちろん炊き立てでも美味しいのですが、冷めたほうが中のでんぷんの旨味がしっかりと脳髄まで伝わるような米です。

最近は「オンザライス」という言葉を散見します。弊社と取引のある飲食店でも、米＋おかずの看板メニューで、大行列ができるお店がいくつかあります。2022年にインターネット上で開催されたJA全農の「＃MK3（マジでコメ食う3秒前）」というイベントもそうです。

以前「酒米はありませんか？」という問い合わせがありました。何でも日本酒を楽しむ会を台湾で開催するのだけれども、せっかくだからその日本酒の原材料になる酒米も食べてみようということなのです。酒米は酒米であり、なかなか飯米へという発想はないかもしれません。私たち米屋も普通は酒米を扱うことはありません。もし安定的に手に入るのであれば（ここが最も難しいのですが）、こういった尖った米は逆に飲食店には提案しやすいです。例えばリゾットやカレー、チャーハンなど、米粒が崩れないような料理を提供するところは欲しがるでしょう。実際、以前青森県の「むつほまれ」を大阪寿司屋（押し寿司）で使っていたのですが、その栽培が終わってしまい、なんともったいないことを……と口惜しい思いを抱いたものです。じつはイタリアンレストランにも卸していたので、なくなるとなったとき、弊社は対応で大わらわでした。

ブレンド米のニーズとして時々あるのが、「結婚式の引き出物」です。自分たちらしさを展開したいという最近の披露宴のトレンドに乗っかって、自分たちの思いを詰めたブレンド米を、ということです。例えば今までであれば自分たちの似顔絵を描いたラベルをワインに貼り付けて、となりますが、それは誰かがつくったワインにラベルを付けただけです。そうではなく中身まで自分たちの思いを込めることができるのがブレンド米なのです。例えば外国の方と結婚される方からは「参列者に何か一つでも心に触れるものを持ち帰っていただき、おうちで、披露宴の残り香を感じていただきたい」ということで「炊き上がりの香りがよい、ふわっと香る」「日本ならではのどこか懐かしく、味わい深い飽きの来ない風味」「おにぎりにも合う」「優しく、穏やかな気持ちになる」というブレンド米のオーダーでした。またある新婚夫婦からは「二人とも唐揚げが好きなので、その唐揚げに合うお米を、自分たちの出身地のお米を使って作ってほしい」というオーダーもありました。

弊社ではこういったニーズが確実にあると考え、あまり表には出していませんが「ウエディングブレンド米」としてオーダーメードで承っています。

このように米の楽しみ方、消費者のニーズは本当に多種多様です。私も陥りがちですが、米をよく知っているお米業界の人間が「米とはこうあるべき」と言った時点でそれは偏狭なものの考え方であり、こちらの勝手な「あるべき論」の押し付けになります（これを私は「お米原理主義」と呼んでいます）。そうなってしまっては消費者は米を食べるのが嫌になりますよね。

ただ、譲れないのは「白ければ何でもいい」ではないこと。少なくとも米単体でも十分に美味しい米を食べていただきたいところです。目的は単に消費を増やすことではなく、適正価格の米を消費者に楽しんでもらうことなのですから。

様々な調理器具が流行っている

お米業界、というと生産者、周辺のJA・産地の皆さん、流通業者、米屋などの小売、飲食店、といったところですが、忘れてはならないのが「お米調理器具」を作っているメーカーです。

今、私たちの周りには様々な「お米グッズ」があふれています。代表的なのが炊飯器具。今や10万円を超える電気炊飯器は当たり前です。そして各メーカーはこれでもかと言わんばかりに新機能を搭載し売り続けています。

新機能のなかでもお米ブームを象徴するのが品種別の「炊き分け機能」。これは品種ごとに圧力や加熱時間を調整し、品種の特徴を引き出す機能です。個人的にはそこまで細かい設定をしてもそれほど味には違いが出ないのではないか？　と思うのですが、しかし「消費者の皆さんに改めて日本の品種の多様性を訴えることができる」という意味では非常に有意義な機能なのです。

直火炊飯ですと、土鍋や鉄鍋、ホーロー鍋などで「炊飯用の鍋」が出ています。例えば土鍋。昔は鍋料理用土鍋の流用でしたが、今では炊飯用があります。ホーロー鍋で有名な「ル・クルーゼ」でも炊飯にも合うホーロー鍋を販売しています。炊飯の様子を外側から見ることができる「ＨＡＲＩＯ」のガラス鍋は、イベントなどで使うとこれだけで一つのコンテンツになるほどです。

ライフスタイルを反映しているなぁと思ったのが、サンコーの、職場や自分のデスクで簡単に炊飯できる「おひとりさま用超高速弁当箱炊飯器」です。プロの目から見れば「簡易的な炊飯器ではお米粒に十分熱が伝わらないため時間が経過したら美味しくないのでは？」と思うのですが、しかしそもそも自分のデスクで昼食時に炊き立てを食べるための炊飯器なので、冷めるという概念が不要なのです。こういったニッチな要望に応じた炊飯器具も出ているのです。

炊飯器具以外でも「米を優しく洗うためのザル」「手を濡らさずに米を洗う研ぎ棒」「ご

はんを簡単にほぐせるしゃもじ」「冷蔵機能付きの米びつ」「自宅用の小型精米機」などなど。ほんの10年前くらいを考えても、こういった器具はあまりなかったと思います。私がこの業界に入ったときのスタンスは「米の可能性を発見する」ことでした。今までの実需者だけでは展開できないような米の可能性が模索されていることが実感できますね。

余談ですが、あったらいいなと個人的に温めているのが「お米セラー」です。ワインセラーのようにボトル（だと大げさなのでせめて小さなペットボトル）に入れた様々な品種を入れることのできる「米専用の小型冷蔵庫」です。

そして消費者はこのように使い分けるのです。「今夜はがっつり系のおかずを食べたいから『ゆめぴりか』にしようかな。でも今夜のおかずは肉を使うから『ゆめぴりか』を中心にもう少し張りが出るようなお米になるよう、『さがびより』をブレンドしてみるか……。そして明日の朝はおそらく胃が疲れているだろうからさっぱりめの『ササニシキ』にしよう」。こんな消費者がいたら私はもう嬉し泣きするでしょう。

生産・流通・消費までの見える化の動き

先日「スマート・オコメ・チェーンコンソーシアム」に参加しました。これは農林水産省が立ち上げた、「新しいお米のＪＡＳ規格」の民間主導型検討会です。

ウェブサイトには「生産から消費に至るまでの情報を連携し、生産の高度化や販売における付加価値向上、流通最適化等による農業者の所得向上を可能とする基盤（スマートフードチェーン）を米の分野で構築」するとあります。[3]

簡単に言うと「生産」「乾燥・調整」「検査」「卸・精米」の各段階における情報をクラウドで管理、整理し、それを消費者に提供することにより消費者が米の特色についての情報を把握できる、というものです。

生産から流通までの工程を「見える化」することができれば、米の品質等について消費者への説明が簡単にできます。とくに外国人への説明が容易になるので、輸出においては大きな武器になります。

私が参加したのは消費者が「お米」を選ぶ際に重要視する項目を、どのように選別し、どのような形式で、どのような根拠をもって「見える化」するのか、興味があったからです。

説明会の資料には次のような記載があります。

「タンパク含量等の食味に関する情報や、健康に関する情報、品種情報など、消費者が重視する情報がスマート・オコメ・チェーンで取り扱う情報に含まれるようにする」

これを具体化する作業こそ、「消費者に最も近い米屋」の出番だと自負しております。

しかし、これこそ難関です。例えば味について、前述にある「タンパク含量」の数値をそのまま公表しても、消費者が米を選ぶ判断基準にはなりません。説明が必要です。ところがそれを「硬い」と言うのか、「コクがある」と言うのかで全く異なるイメージになるのです。

また、懸念としては、「味の見える化」を一つの規格としてしまうと「多様な意見」を排除してしまいます。しかし、それでも私は規格化が必要だと考えます。それは規格ができればそれに対する反対意見もまた明確になるからです。今はそういった基準すらないため、米の味についての議論が深まらないのです。

また最も大事なのは「消費者からのフィードバック」です。未だ前例のない「消費者からのお米に対する意見の回収」が「仕組み」として整えられたら、業界にとって大きなインパクトになるでしょう。

その「見える化」の流れとして、別の枠組みではパナソニックをはじめとした炊飯器メーカーやJA全農、米屋などが「お米食味マップ」を作成しています。品種別にどのような味なのかを「見える化」しているのです（図1）。

米の品種と言えば、ひと昔前までは「コシヒカリ」か「ササニシキ」「あきたこまち」「ひとめぼれ」くらいしかありませんでしたが、今では日本各地で多様な品種があります。

消費者にとって「選ぶ楽しさ」を享受できるメリットはあるのですが、一方で「あまりに多すぎて違いが分からない」というのも事実です。

「この品種はいったいどういうお米なのか」を事前学習する意味で、このマップの存在意

図1 **RICE TASTE MAP**

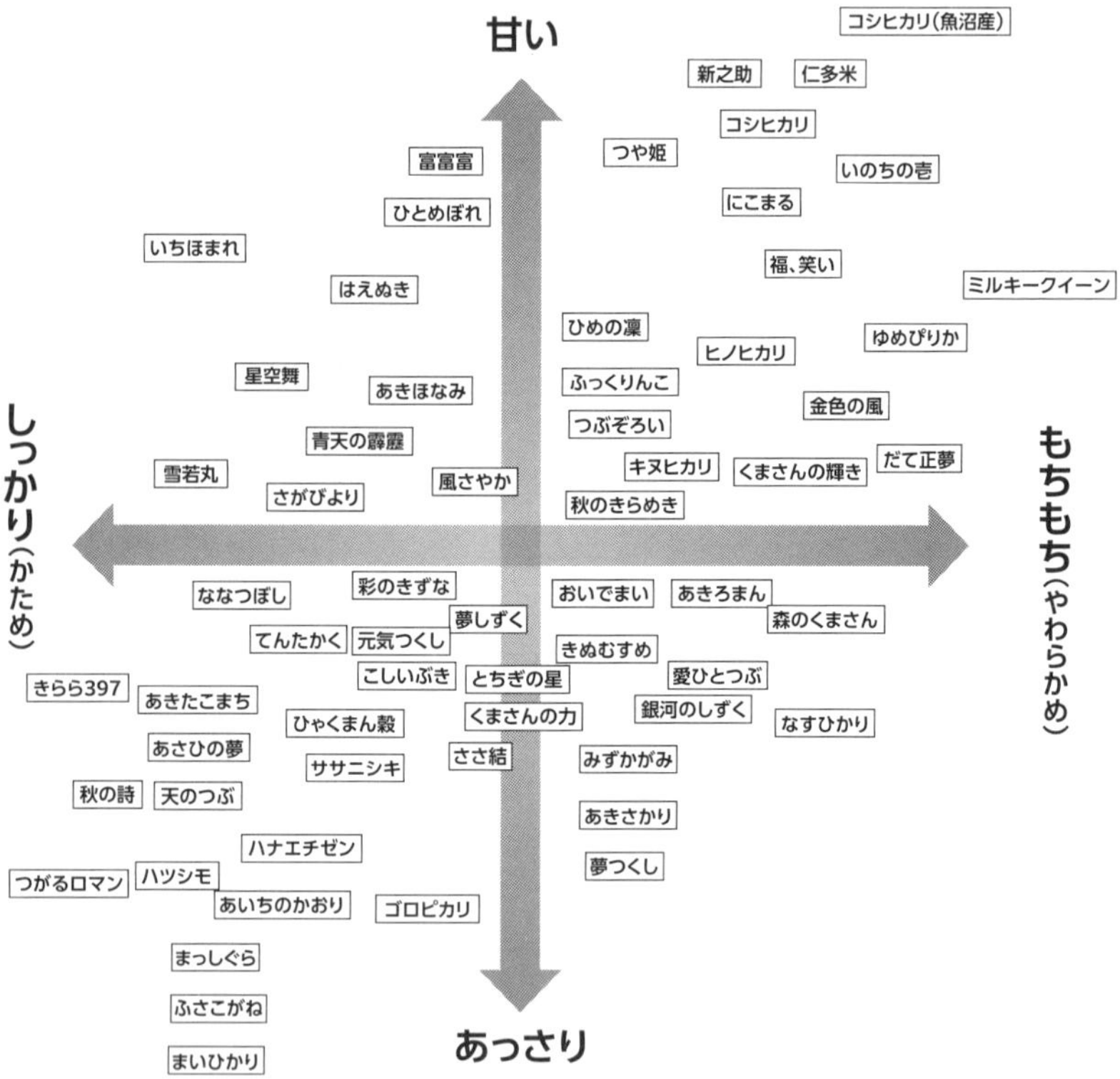

Panasonic Cooking@Lab炊飯部による評価

義はあります。しかし米屋としては次のような課題が気になるのです。

●あまりに多くの品種がマッピングされているのでかえって分かりにくい

見た目の情報量が多いとかえって消費者は見ません。ただ「世の中にはこれだけの多くの品種がある」ことを伝えることはできます。

●マッピングの方法に統一的なものがない

縦軸が「味」（甘い・あっさりなど）、横軸が「食感」（もちもち、しっかりなど）を表現することが多いのですが、制作者によってはこれが逆だったり、違う指標だったりする場合もあります。

●マッピングが制作者によって異なる

米の味を「個人の感覚」で測るため、制作者が異なればマッピングも違ってくるのです。機械を用いることができればよいのですが、機械だと品種による違いが出にくいのです。

●その味は「品種特性」なのか「生産者や産地、産年によって異なる味」なのか分からない

普通に考えれば前者のような気もしますが、米は農産物ですから「産地や産年にかかわらず変わらない味の『基準米』」は存在しません。そのためどうしても後者に寄ってしまうのです。

「お米食味マップ」は今まで知らなかった米がどういった味なのか予習することのできる

秀逸なツールです。しかし前述のようにまだまだ発展途上のツールでもあります。

米の味は淡泊で分かりにくいため、それを第三者に伝えるのは至難の業です。しかし消費者に米に対して関心を持ってもらうためには、「味」という要素は避けては通れません。この手法の平準化・一般化が「お米消費拡大」に向けて解決しなければならない今後の課題の一つなのです。

外国から支持される日本の米　外国人が驚く三つの特徴

弊社は原宿ということもあり外国の方がよく取材に来られたり、関わることも多くありました。そういった体験を経て、私はいかに日本の米が海外から評価されているかを知ったのです。自分では気付かなかった日本の米のよいところを、外国の方に指摘されることによって初めて認識することができたのです。そしてそのギャップこそ、日本の米を海外で販売する際のセールスポイントになるのです。

外国人にとって米は米でしかありません。そこに品種や精米による違い、更にはブレンド米で新しい味を作るとなれば、外国人にとってはもう異世界でしかなく、これこそ日本人らしさあふれるものすごく繊細な世界なのです。

外国人がとくに驚くのが次の三つです。

一つ目は「品種がとても多い」こと。

韓国の農業大学校の生徒が来店し、矢継ぎ早に質問してきました。日本の米屋はこれほどまでに品種が多いのに、どうやって使い分けているのか？　そもそもお客に味の違いが分かるのか？

韓国ではそこまで品種はありません。同じジャポニカ米なのになぜここまで違う米文化なのか、非常に興味津々でした。そして若い彼らは自分たちが今後関わる稲作の可能性を見出したようでした。NHKの番組から取材を受けたときも、ベラルーシ人のインタビュアーがその品種の多さに相当に驚嘆していました。

二つ目が「ブレンドで味を調整している」こと。

スペインの料理人は寿司店から衝撃的な話を聞いたということ。いわく「寿司屋のシャリは『ブレンド米』を使って、店ごとに味が違うんだって!?」。

アメリカ人のライターから取材を受けたときは、ブレンドについて一通り私の話を聞いてぽつり。「日本人は『米』についてそこまでやるのか……」。

そう、彼らからしてみると「米」で繊細な味の世界を作り上げること自体が驚嘆なのです。

三つ目が「水だけでここまで美味しくなること」です。昨年、オンラインでロサンゼルスの方に講演する機会がありました。西海岸は比較的日本に親しみのある地域ですが、現地の日本人にいわせると、アメリカ人にとって「米は味付けして食べるもの」だそうです。

日本の米は味付けをしなくとも美味しくなる。とくにおにぎりにするとその違いが分かる、ということで驚くのです。

「スマート・オコメ・チェーンコンソーシアム」のキックオフイベントで「日本と外国のお米の大きな違いは乾燥の違い」ということを聞きました。確かに海外の米を見ると、明らかにパサパサしているものがあります。データによれば海外の米は過乾燥であることが多いそうです。そこからも日本人が導き出した「一年を通じて保管が可能で、かつ味を損なわない水分は15％程度である」という数字そのものが、日本人が米にかける情熱が世界でも頭抜けている証拠なのです。

海外で評価される和食

私は現在、都内の和食専門学校で臨時講師を務めています。そこの学生はほぼ外国人です。そして私の講義を受けて改めて知るのです。日本の米は、そのままで食べるのが一番！と。

以前外国人に違う品種の米を食べ比べてもらいました。彼等はきちんと米の味を見極めていたのが印象的でした。そう、米の味は意識すれば外国の方でもきちんと分かるのです。

世界は今、和食ブーム。それは専門学校の生徒がほぼ外国人であることからも分かります。生徒のほとんどが卒業後地元に戻り、和食屋をオープンしようとしているのです。それほどまでに和食は世界に広がっています。

実際、米の輸出は増えています。２０２２年度には米の輸出量は金額ベースで約73億円。過去最高の数字です。米の輸出量は増え続けており、数量でいえば２００７年度には１０００トン近くであったものが、２０２２年度では2万8千トンを超えています。[4]２０１３年に和食がユネスコの無形文化遺産に登録されたことも影響を受けているようです。

しかし彼らが学んでいるのは「和食」という技法であり「日本の素材」はメインではありません。例えばオーストラリアで流行っている回転寿司屋では、オーナーは日本の米を使いたいがコストの関係で現地の米を使っているということです。私は生徒に対して、現地に帰っても日本の米を取り寄せるほどまでに日本の米のよさを分かってもらえるよう、意識して講義をしています。そういった「技法だけではなく素材も日本のものを！」と導ければ米の輸出、ひいては米の生産もさらに増えることでしょう。

実際、私が臨時講師を務めている専門学校では、今度ロンドンに分校を立ち上げます。当然そこでも米は使われるわけですが、担任の方からすでに「ぜひ小池さんが紹介する日本の美味しい米を使いたい！」という話をいただいています。そういった流れは着実に来ているのです。

こうやって見ると、日本の米が世界的に見て非常に「尖っている」ことが分かります。そしてそれこそが私たちが世界に誇りうる文化であるわけです。

子どもたちへ伝えるお米

毎年消費量が減っている米の人気を盛り返すために、短期的な方法としてイベントやキャンペーン等がありますが、長期的には「食育」が有効だと考えます。それは子どものころ、きちんと彼らの心に「お米の大切さ、楽しさ」を植え付けておけば、大人になってもきちんと米に関心を持ち、実際に消費してくれるからです。事実、弊社のあるお客さんは「母がお米だけはいいものを、と意識して食べさせてくれたこともあり、私もお米だけは手を抜かずに選んでいます」と言って弊社から安くない米をいつも購入してくださいます。

しかし食育も、やり方によってはその効果に疑問符が付く場合があります。例えば「田植え・稲刈りイベント」。親子一緒に楽しめる、イベントとしては非常に優秀なコンテンツです。しかし、苗や稲の姿が普段食べている米と見た目があまりに違うからなのか、それだけでは継続的な米の購入動機にはなりません。田植えや稲刈りといった「楽しいイベント」を実施しても、楽しいのはその「体験」であり「お米そのもの」ではないのです。

だから「田植え・稲刈り」を行うのであれば必ず「美味しいお米」を食べてもらうこととセットである必要があります。

では「田植え・稲刈り」のようなワークショップができない場合はどうするのでしょうか？　学校等の教室でおこなう場合です。例えば、「ごはんは脳のエネルギーとなる『ブドウ糖』のもとだから頭がよくなる」と話すとします。しかし、実際にそのように実感できるのであればともかく、すぐに効果が出るものでなければ子どもたちの心に刺さりません。そう、大事なのは「実感」なのです。例えば私の場合は、年齢別にこのようにします。

まず小学校3年生以下については、「持つ」と「触る」です。「持つ」とは5kgや10kgの米を持ってその重さを実感してもらいます。「触る」は米を実際に手で触ります。例えば「お米のすくいどり」「米粒数え選手権」「脱穀・籾摺り体験」などです。複雑な機具を必要としない簡単な内容ですが、普段なかなか体験できないことばかりです。こういった「実感」をさせないと子どもたちの印象には残りません。

4年生以上は体験よりも「ストーリー」を聞かせます。ポイントは「お米ってすごい！」と思わせること。

「収穫倍率」という言葉をご存じでしょうか？　種籾を一粒蒔いて何粒の収穫が得られるかを表す言葉です。米は400〜500倍と言われています。これは小麦のおよそ1・5倍にあたるそうです。約3000年前に日本に伝わった稲は狭い耕地でも多くの収穫量を上げたため、私たち日本人の命を繋ぐことができたのです。人口爆発が懸念されている現代においても、非常に生産効率のよい米は世界的にますます重要な食糧になることは間違いない。そんな話をするのです。

その他、米はゴミが出ないこと、田んぼが水害を防いでいること、「加賀百万石」のように領主の力を米の生産量で示すような国は他にないこと、外国人に日本米が評価されていること……。教科書にある「稲の栽培暦」「農機具の種類」等だと「お勉強」になってしまいます。そうではなく、具体的な事例を通じて「いかに日本のお米がすごい」のか。それを伝えるようにしています。

また、食育の授業をするときは子どもたちに「リアルにお米がなくなったらどうなるか」を理解してもらうことを意識しています。そうしないと肌感覚で「お米のすごさ」を分かってもらえないからです。子どもたちが好きな寿司、おにぎり、牛丼、お餅、大福、団子、せんべいがなくなる世界を想像してもらうのです。

そしてもし親御さんが一緒に聞いているときには私はこのように言います。

「将来お子さんが外国人とお仕事などでお付き合いするときに、日本のお米について相手のほうが詳しいなんていうケースは十分あり得ます。そう、日本のお米を知らないと恥ずかしい日が必ず来ます」と。

将来的な消費拡大を目論むために「お米の食育」を実践することは、お米業界のみならず日本の食文化を守るうえで意義深い行為です。しかしその手段を間違えてしまうと、子どもには刺さらずに大人の自己満足で終わってしまいます。皆さんには私が挙げた事例を参考に、ぜひ「効果的な食育」を目指していただければと思っています。

関係人口の拡大

「関係人口」という言葉があります。「関係人口」の本来の意味は、移住した「定住人口」でもなく、観光に来た「交流人口」でもない、地域と多様に関わる人々を指す言葉です。地方圏は、人口減少・高齢化により、地域づくりの担い手不足という課題に直面していますが、地域によっては若者を中心に、変化を生み出す人材が入り始めており、「関係人口」と呼ばれる地域外の人材が地域づくりの担い手となることが期待されています。

私がこの言葉を知ったのは最近ですが、米を切り口に「関係人口」を増やすといったことも、これから地方の米を販売するには必要なことだと思います。

「田植えや稲刈りイベントだけではお米消費には寄与しない」旨を前述しましたが、関係人口を増やすという意味においては、非常に有効な手段だと思います。大事なのは産地と消費地との交流。そして愛着を持ってもらい気に掛けてもらうことなのです。

以前東京・下北沢の学生寮に、ある県の米をキャンペーンの一環で卸したことがあります。その際、そこの学生寮の関係者の方は言いました。「せっかくこういった関わりを持つようになったのですから、学生たちを巻き込んでこのお米を今後、どのように販売したらよいか、一緒に考えることはできませんか?」と。非常に嬉しい申し出でしたので早速、県庁に伝えたのですが、あまりに米の話とかけ離れていると考えたのか色よい返事がもらえず、せっかくの機会を逃してしまったことがありました。もちろん私の考えがすべて有効とは限りませんが、それでもこのように少しでも産地に関心を持ってもらえれば産地にとって関係人口を増やすまたとない機会であることは間違いありません。

4章で紹介した喜多方市の山田さんの娘さんである、山田みきさんという女性は、東日本大震災以降、何とか福島を気にかけてくれる人を増やそうと、父親の栽培した米で握ったおにぎりを中心にしたケータリングを展開しています。今では法人を立ち上げて順調に会津を、福島を気にかけてくれる人を増やしているようです。

北海道のホクレンもテレビコマーシャルだけではなく地道なイベントも展開しています。弊社も関わったことがありますが、2022年は東京の飲食店(弊社のお客様)を活用して「ななつぼし」のキャンペーンを実施したのです。そのお店は2店舗だけで、数としては少ないのですが、しかしそういった積み重ねが、東京の場合はとくに飲食店だと波及効果があることをホクレンは知っているのです。

関係人口の概念自体、まだまだ新しい話なので効果の程はそこまで明確ではないかもしれませんが、私が今まで訴えてきた米の消費拡大の延長線上に間違いなくある話です。まずは自分たちに関心を持ってもらうこと。そこから米の消費拡大を考えてもいいかもしれません。

【参考】

［1］「年別加工米飯生産量の推移」（公益社団法人 米穀安定供給確保支援機構）
［2］「コメ・コメ加工品の輸出実績 」（農林水産省）
［3］農林水産省「スマート・オコメ・チェーンコンソーシアムについて」https://www.maff.go.jp/j/syouan/keikaku/soukatu/okomechain.html
［4］「コメ・コメ加工品の輸出実績 」（農林水産省）

米対談

炊飯器開発一筋30年の「釜仙人」が語る 生産者の努力とメーカーの熱意が交差する未来

元 東芝ライフスタイル株式会社

商品企画部　炊飯器担当

守道信昭

米の食べ方は多様化していますが、家庭では炊飯器で炊いたごはんを食べる人が依然多数派です。かつてはかまどを使って米を炊いていましたが、1955年に東芝から自動式電気釜が発売されて以来、日本人の米食のあり方はがらりと変わりました。

炊飯器開発の先駆けとなった東芝で30年以上炊飯器の開発に携わり、「釜仙人」としてメディアにも多数出演されていた守道さんと、炊飯器の歴史と今後について話しました。

炊飯器需要は衰えない

小池（以下小）：守道さんは30年以上炊飯器の開発を続けられ、業界内では「釜仙人」との異名で呼ばれていました。炊飯器は不景気にもかかわらず、年々高価格帯のシリーズも増えていますよね。

守道（以下守）：そうですね。10万円台の炊飯器も登場して久しく、それが市場に受け入れられている状況です。

小：全体のお米の消費量は減っているんですが、炊飯器の売り上げが落ちている、ということはあるんでしょうか？

守：炊飯器は冷蔵庫やオーブンレンジと同様に「一家に一台」の家電ですから、お米自体の消費量とは連動しないかもしれませんね。人口は減少しても、世帯数は横ばいなので、今でも年間500万台前後は売り上げています。[*1]

小：おお。じゃあ、炊飯器業界は安泰ってことですか。

守：いやいや、最近増えている「炊かなくても食べられるお米」には警戒していますね。コンビニおにぎりやお弁当、パックごはん、レトルトごはんが脅威になるんじゃないかと思っています。

小：確かに今、加工米飯は伸びていますからね。

守：ちょっと妙な想像だけれども、家で炊飯しなくなって、それがスタンダードになったら、生米を知らない人が出てくるんじゃないかって不安になったんですよ。ほら、スーパーの切り身しか食べないから、海で泳いでいる魚を知らなかったっていう子どもの話みたいに。

小：昔は生米を炊いて食べたんだよって？（笑）。でも、笑い話じゃないかも。この前、「糠」を知らない人がいました。スーパーで白米しか買わないから、玄米を知らないんです。

守：なるほどねえ。そういえば昔、東芝が家庭用の餅つき機を販売して、年間100万台近く売れていた時代がありましたが[*2]、パックの切り餅が発売されて一気に販売台数が減ったそうです。炊飯器も、今後もしかしたら……？

小：確かに今じゃ、家庭で食べる餅って言ったら切り餅がメインだ。できたての餅を見たことがない子どもは、もういるのかもしれませんね。「昔はもち米をついて、餅を作ったんだよ」って。

守：ライバルは炊飯器メーカーだけじゃないってことです。

小：でも、これだけパックごはんとかレトルトごはんが販売されているなかで、炊飯器の売り上げは安定しているんですよね。

守：そこはやっぱり、パックごはんと炊きたてのごはんの味の違いを、ユーザーも分かってくれているんだと思います。パックごはんを毎日は食べられない。「美味しいお米を食べたい」っていうニーズは根源的にある。「美味しいお米」を食べちゃったらもう、「そうじゃないお米」には戻れないから。

じんわり加熱していく炊飯器競争

小：10万円以上の炊飯器、だいぶ当たり前になってきましたね。高級炊飯器の需要はどれくらいあるんでしょうか。

守：炊飯器全体の年間の売り上げのうち、10％くらいは10万円以上の炊飯器が占めていると思います。家電は価格帯でラインナップを持つので、1万円、5万円と段階的にそろっていて、量的に一番売れているのは中間層ですけれども。

小：炊飯器の機能もどんどん充実していきますよね。それはやっぱり、消費者の意識やライフスタイルの変化に合わせているんでしょうか。

守：もちろんそういう商品もあると思います。でも、これまでの炊飯器の進化が、ユーザーの希望に応える形で開発してきたかっていうと必ずしもそうじゃない。米にまつわることすべてに言えるかもしれないんですが。結構ユーザーって、今ある炊飯器で満足してしまっているといいますか。

小：確かにね。別に10キロ2000円のお米を、1万円の炊飯器で炊いて「美味しい」って普通に満足する人は多いですよね。値段だけがすべてじゃないですけど。

守：だから、基本的に炊飯器は提案型の歴史をたどってきた気がします。それこそ、東芝が１９５５年に自動式電気釜の第１号機を出したときも、要望があったわけじゃなくて、メーカーの社員の雑談から始まったらしい。まあ、冷蔵庫やら洗濯機やらが登場した時期だったので、家事の自動化路線を炊飯にも、という流れだったとは思うんですが。

小：炊飯器が登場するまでは、かまどで火加減をつきっきりで見ながら炊いていたわけですから、ボタン一つで誰でも炊けるようになったらずいぶん生活は変わりましたよね。

守：はい。当時団地（住宅団地）ブームがあって、かまどが据え置きじゃなくなったんですが、それでも家庭で米が炊けるのは自動式電気釜があったからです。キッチンでお米を炊いて、一家団欒するっていう今のライフスタイルは、そこで生まれたんです。

小：ライフスタイルの変化に合わせて炊飯器が開発された、というより、炊飯器によってライフスタイルが確立された。

守：それ以降も、ニーズに応えていく、というより、技術が先行していたイメージですね。例えば、１９７０年代のマイコン式炊飯器も、出た当初は炊飯器にマイコンつけてどうするんだってみんな思っていましたけど、炊く量に合わせて火力調節ができるようになって、粒のふくらみがよくなったりして。当時としてはかなり高価な３万円台だったけど、じわじわ売れていきました。１９８０年代にはＩＨ式が登場して、高火力で熱伝導もよくなって、美味しさも向上して、量もたくさん炊けるようになりました。これが5万円台。

小：技術力とともに、値段がどんどん上がっていきますね（笑）。

守：さすがに高くて、初めは伸び悩んだみたいですが、テレビで紹介された影響で、それも売れたんです。ここら辺から、メーカー側も「5万円でもユーザーは買う」と認識したし、ユーザーにも「高級炊飯器」という選択肢が出てきた。消費者から「こういう炊飯器が欲しい」なんて意見は出ないけど、5万円の炊飯器ありますよ、美味しいですよって言ったら意外と買ってくれる。

小：炊飯器もお米も、やっぱりこちらから提案して営業するのが正解なんだな。知識がないから要望を出せないだけで、くすぶっている需要は必ずある。

守：そして2006年に、10万円超えの炊飯器が販売されたんです。もう業界騒然で。内釜、金属じゃないの。炭で作っているのかって。話題性もあって、マスコミに取り上げられたりもした。東芝を含めて各社が追随して、市場ができてきて、ユーザーもついてきてくれた。メーカー側も、10万円で売れるのか、じゃあ、もっと技術力を駆使して、本格的に美味しくしてやろうって。

小：予算が上がるから、もっと技術を投入できるようになった。そしてさらに、というよい循環ですね。

守：求められているから開発した、というより、10万円の価値がある炊飯器を出したら、ユーザーはちゃんと買ってくれた。毎日のお米に10万円出せる市場があるんだと、発売してから気づいたんです。

小：どういう人が10万円の炊飯器を買うんでしょうか？

守：買い替えの人が圧倒的に多いですね。「せっかくだから」ってグレードアップしていく。炊飯器を買い替えるとき、グレードダウンは基本的にしません。やっぱり、一度「美味しいお米」を食べたら、それ以下には戻れない。

「美味しさ」と「便利さ」のはざまで

小：やっぱり消費者は「美味しいお米」を求めていますよね。

守：もちろんそうですね。向こう数年、毎日食べるかもしれないお米のためなら、高い炊飯器を買うか、と思ってくれる。

小：お米自体にもそれくらいこだわりを持ってくれたらいいんだけどなあ。

守：同じ「米」というジャンルでも、耐久消費財と食品っていう違いはありますよね。でも、こだわりがあるといっても、最大は「便利さ」だと思いますよ。かまどとの比較じゃないですけど、メーカーの説明書通りに「作業」すれば、誰でも勝手に美味しく炊けるっていうのが基本。

小：炊飯に調理的な側面はいらない？

守：手間暇かけて「調理」したいんだったら、それは土鍋とかになるんじゃないかな。調理して美味しく炊ける喜びっていうのは、また別の価値ですよね。

小：最近の、新技術を使った炊飯器ってどんなものが登場しているんでしょうか？

守：ＩｏＴ技術を使った炊飯器が最近リリースされていましたね。無洗米対応なんですけど、米びつにお米を入れて、水タンクをセットしておけば、自動で計量して炊いてくれるという炊飯器。アプリからも予約炊飯できたりして。

小：便利を突き詰めていますね。

守：これはユーザーからの声を拾い上げた商品だと思いますね。無洗米っていうのは洗う手間がかからないというのもあるけど、余分な水を使わなくていいから環境に優しいとか、身体的に障害のある人でも手軽に炊けるとか、ＳＤＧｓの観点からも優れている。

小：やはり、メーカーさんはサステナブルな視点で商品を開発しているんですね。

守：昔から、物づくりをする際には常に考えられてきたことではありますけどね。今後は一層、人の暮らしはもちろん、資源や環境のことを念頭に置かないといけない。

小：ほかにはどんな伸びしろが考えられますか？

守：今ちょうど僕が取り組んでいるのが、少量の炊飯器ですね。炊いてすぐに食べきることを前提に作っているから、逆に技術的にはそれほどこだわらなくてもいい。

小：「炊きたて」は美味しいですからね。私も最近、14分で炊きあがる弁当箱型の炊飯器で食べてみたんだけど、炊きたては普通に美味しかった。

守：冷めたらどうかとか、保温してからはどうかとかは、炊き方の技術によって変化が出てくる。今後はライフスタイルやお米を食べるタイミングなどによって、お米の美味しさの追求の仕方は変わっていくと思います。

米文化を盛り上げたい

小：炊飯器メーカー業界で、お米を盛り上げようみたいな動きはあるんですか？

守：日本電機工業会っていう集まりがありまして、日本の米文化を盛り上げようという趣旨で、「炊飯器の日」を定めたりしましたね。新嘗祭の日の11月23日に、お米に感謝しようって。あとは各メーカーの炊飯器が懸賞で当たるキャンペーンとか、業界をあげてやったりはしましたね。

小：やっぱり業界ごとにはいろいろやっていますよね。ただ、生産者は生産者、卸は卸、米屋は米屋、って分かれちゃって、横断的にお米業界をあげて、っていうのはあんまりない。

守：消費者から見たら同じなんだから、「米」単位で動いたほうが分かりやすいよなあと、歯がゆく思うんですが。

小：消費者が興味を持つためには、やっぱり生産者さんを前に出さないと。そこで、私たち米屋とかメーカーがちょっと後ろから顔を出すような。

守：農家さんを集めての意見交換会とかやってみたいなあ。大抵の農家さんって、炊飯器のこと意外と知らないんですよ。どの炊飯器で炊いてもうちの米は美味しいよって。そりゃそうなんですけど、でも消費者は生米を食べるわけじゃなくて、炊飯器がないとお米を食べられない。だから、一緒にできることは何かある気がするんですけど。

小：炊飯器メーカーから、産地にアドバイスするってことですか？

守：いや、逆ですね。農家さんたちの「炊飯器に求めるもの」が知りたいです。最近は「銘柄炊き分け」っていう、銘柄別に炊き方を変えるっていう新機能があるんですけど、これって本当にそのお米に即しているのか？　って。生産者さんたちのお米を美味しくする努力が、本当に炊飯器に還元されているのか。その辺りを深く知るためにも、農家さんたちにはぜひとも炊飯器を意識してみてほしいんです。

小：お米の消費量が増えてほしいっていうのは、共通の認識なわけですから。米が売れれば炊飯器が売れるし、逆もそう。生産者さんの努力、炊飯器メーカーの努力がうまくつながって流れていけば、そうそうお米離れは起こらないと思います。

守：炊飯器メーカーも生産者も消費者も、歴史ある米文化を、自分たちが育てているんだという意識を持つことがすごく大事なんです。

小：その意識がね、まだ道ができていないかなって思いますね。
守：政治云々とかじゃなくて、熱い生産者や熱いメーカーなどが中心となって盛り上げて、消費者一人にでもつなげていくような。
小：作って終わり、売って終わり、じゃなくてそこからどうやってお米業界として盛り上がっていくのか、ですね。

＊1　2020年「生産動態統計年報」(経済産業省)より。
＊2　1971年、東芝より家庭用もちつき機「もちっ子」が発売、1976年には年間100万台近く販売される。

Profile

守道信昭(もりみち・のぶあき)
1954年、三重県松阪市生まれ。1973年、東京芝浦電気株式会社入社。家電技術部洗濯機担当を経て、1983年に商品企画部に異動。以降、30年以上にわたって炊飯器開発を専任する。「釜仙人」としてメディアにも多数登場。退職後は小泉成器株式会社の技術顧問として、現在も炊飯器の開発に携わる。

この対談は2023年5月に行われました。

左から著者、守道信昭さん

国産初自動式電気釜（写真提供:東芝ライフスタイル株式会社）

おわりに

「東京・大阪・福岡の米屋グループが『ミシュラン店専用米』の販売へ！」

「愛知の米屋が『玄米と麹』を使ったピザ屋をオープン！」

「米卸会社が簡単に美味しく食べることのできる玄米を発売！」

「集荷業者が東京の大手町におにぎり店をオープン！」

「ギフト米専門会社が『米と絵本』を組み合わせたギフトを販売」

「京都の米屋が『甘いおにぎり専用米』をつかったおにぎりを販売」


これらはいずれも、毎週小池精米店に届く業界紙の一面に躍っている見出しです。私は業界紙を読むのが嫌いです。それは読むたびに「皆さん、なんて素敵な取り組みをしているんだ！　自分も頑張らないと!!」と焦ってしまうからです。

本編で私は「お米業界は斜陽産業だ！」とさんざん嘆きましたが、その一方で、多くの米屋、卸業者、集荷業者、生産者などのプレイヤーの皆さんは、現状を打破しようと頑張っています。斜陽産業であったとしても「お米はもうだめだ……」と諦めている人たちばかりではないのです。否、斜陽産業だからこそ、この状態を打破すべく、考え、実践し、反省し、そしてまた新しいことに取り組もうとしている人が大勢いるのです。この事実を知るたびに、私は焦るとともに、勇気もたくさんもらっています。

私のもとには「実家の米屋を継ぐかどうか迷っている」という人が時々相談にいらっしゃいます。そのようなとき、私は自分の事例を詳らかに話し、そして彼らを勇気づけるように心がけています。ただ、決して米屋を継ぐこと自体は勧めません。それは「小池精米店と、あなたの置かれた環境は違うから」です。

この本は「都内のある米屋がお米を売るために模索し、もがいて、そして結果を出すことができた」という、そのストーリーを追ったにすぎません。そう、あくまでも「小池精米店の事例」なのです。当たり前ですが、それぞれ置かれた立場や環境は異なります。だからこの本の内容は、参考程度にしかなりません。

それよりも私がこの本を通じて伝えたいのは、お米業界の関係者が私の事例に触れることにより、少しでもお米消費拡大について考えていただき、皆さんのできる範囲で何かしら実践していただく、そのモチベーションの醸成につながれば、ということなのです。自分で言うのもなんですが、少しでも皆さんにとって「勇気づけ」になればと思うのです。

「そうはいっても、新しいことに取り組むための時間はない」、というケースがほとんどでしょう。それに対して「時間は作るものです」とよく言われますが、これはもっともらしいウソです。実際は「優先順位の高いものは何が何でも取り組むし、優先順位の低いものは後回しにするから結果として『時間がない』になる」だけなのです。

だから、皆さんにとって今「売り上げを伸ばすこと」が優先順位の高い事項であるのであれば、新しいこと、やるべきことに何が何でも取り組んでください。その取り組むためのきっかけにこの本がお役立ちできれば、これ以上のことはありません。

冒頭の「米屋グループがミシュラン店専用米の販売へ」という見出しは、じつは小池精米店が絡んでいる事例です。各地の米屋がミシュラン店のような「食材にこだわりを持っている飲食店」に対し、「品質」「数量」「季節ごとの水分調整」「料理との相性」などの切り口で最高の米を供給させていただく、という取り組みです。これは米屋だからこそできる米消費拡大の一手なのです。

米を栽培し、流通させ、広く販売することは、日本の食料安全保障の面でも、日本の食文化の発展の面でも、日本の環境保全の面でも、間違いなく必要不可欠なアクションです。私たち業界関係者の行動の集大成が、日本の未来を形作ると言っても過言ではありません。これからもその誇りを胸に、皆さんと手を取り合って、引き続き日本の米消費拡大に臨むことができればと願います。

最後になりますが、この本を２０２２年４月20日に亡くなった父、小池精米店二代目小池將雄に捧げたいと思います。

２０２３年７月吉日

有限会社小池精米店三代目　小池理雄

著 者 **小池理雄**(こいけ・ただお)

小池精米店3代目代表。1971年、東京都渋谷区生まれ。明治大学文学部史学地理学科卒業。書籍編集者、コンサルタント業を経て、2006年に事業を承継する。産地の様子を見て回り、生産者の声を集め、消費者に丁寧に説明する提案・対話型の米販売が実を結び、代表に就任してから売り上げを3倍に伸ばす。消費者向けのワークショップ「お米ゼミ」をはじめ、お米の魅力を伝えるべくイベントを開催。生産者や飲食店、行政、JAに向けた講演も精力的にこなす。生産者や産地に対し、販売方法等に関するアドバイザーとしても活動中。テレビやラジオ、新聞やウェブメディア等、多岐の媒体にわたり出演。「楽しくなければお米じゃない」を合言葉に、お米の新しいあり方を常に模索し続けている。五ツ星お米マイスター、東京米スター匠。現在、雑誌「地上」(家の光協会)、「JA広報通信」(JA新聞連)、「Discover LIFE」で連載中。共著に「ごはん検定公式テキスト」(実業之日本社)、「お米の世界へようこそ!今日からあなたもごはん党」(経法ビジネス出版)がある。

HP https://komeya.biz/
note https://note.com/harajuku_komeya/
Twitter @harajuku_komeya
Instagram @harajuku.komeya

装丁・本文・図版デザイン ………… bookwall
写真撮影 ………… 石塚修平(家の光写真部)
写真協力(p200) ………………… 登 将紀
校正 ………… ケイズオフィス
DTP ………………… 天龍社

なぜ、その米は売れるのか?
進化する原宿の米屋のマーケティング術

2023年7月20日　第1刷発行

著　者　小池理雄
発行者　河地尚之
発行所　一般社団法人 家の光協会
〒162-8448　東京都新宿区市谷船河原町11
電話　03-3266-9029(販売)　03-3266-9028(編集)
振替　00150-1-4724

印刷・製本　中央精版印刷株式会社

ISBN 978-4-259-54782-0　C0061